THE WEAPONS ENCYCLOPÆDIA

TANK AIRCRAFT AFV SHIP ARTILLERY VEHICLES SECRET WEAPON

THE WEAPONS ENCYCLOPAEDIA

EDITORIAL STAFF

Luca Cristini, Paolo Crippa.

REDAZIONE ACCADEMICA

Enrico Acerbi, Massimiliano Afiero, Aldo Antonicelli, Ruggero Calò, Luigi Carretta, Flavio Chistè, Anna Cristini, Carlo Cucut, Matteo D'Aniello, Salvo Fagone, Enrico Finazzer, Arturo Giusti, Björn Huber, Andrea Lombardi, Aymeric Lopez, Marco Lucchetti, Gabriele Malavoglia, Luigi Manes, Giovanni Maressi, Francesco Mattesini, Daniele Notaro, Péter Mujzer, Federico Peirani, Alberto Peruffo, Maurizio Maggi, Andrea Alberto Tallillo, Antonio Tallillo, Roberto Vela, Massimo Zorza.

PUBLISHED BY

Luca Cristini Editore (Soldiershop), via Orio, 35/4 - 24050 Zanica (BG) ITALY.

DISTRIBUTION BY

Soldiershop - www.soldiershop.com, Amazon, Ingram Spark, Berliner Zinnfigurem (D), LaFeltrinelli, Mondadori, Libera Editorial (Spain), Google book (eBook), Kobo, (eBoook), Apple Book (eBook).

CONTRIBUTORS OF THIS VOLUME & ACKNOWLEDGEMENTS

Ringraziamo i principali collaboratori di questo numero: Prima di tutto ilo modellista romano matteo d'Aniello, autore del bel modello della RN Roma pubblicato all'interno del volume. I profili deille navi sono tutti dell'autore. Le colorazioni delle foto sono dell'autore. Ringraziamenti particolari a istituzioni nazionali e/o private quali: Stato Maggiore dell'esercito, la Marina Militare Italiana, Archivio di Stato, Bundesarchiv, Nara, Library of Congress, Wikipedia, USAF, Signal magazine, Cronache di guerra, Fronte di guerra, IWM, Australian War Museum, ecc. A P.Crippa, A.Lopez, Péter Mujzer, L.Manes, C.Cucut, archivi Tallillo. Model Victoria (www.modelvictoria.it) Italeri, ecc. per avere messo a disposizione immagini o altro dei loro archivi. Un ringraziamento speciale a tutti i modellisti, ai loro club, alle aziende di modellismo per l'uso courtesy delle loro immagini. Nel limite del possibile inseriremo sempre i nomi degli autori.
Vi preghiamo di segnalarcelo nel caso non si sia riusciti ad individuarlo.

For a complete list of Soldiershop titles, or for every information please contact us on our website: www.soldiershop.com or www.cristinieditore.com. E-mail: info@soldiershop.com. Keep up to date on Facebook https://www.facebook.com/soldiershop.publishing

Dediche

Dedico questo volume alla memoria di mio zio Cristini Ernesto (detto Basilio), marinaio della regia marina durante la II'a Guerra Mondiale, catturato in operazione dagli inglesi. prigioniero in Egitto, Palestina e poi Australia. Luca Cristini Giugno 2025

A mio figlio Giovanni, sii sempre curioso arricchisci il tuo sapere ogni giorno e coltiva con amore e dedizione le tue passioni, spero di essere stato e di continuare ad essere un buon esempio per te piccolo mio. Matteo d'Aniello

Titolo: **Corazzata Roma** Code.: **TWE-040 IT**
Collana curata da L. S. Cristini
ISBN code: 9791255892458 Prima edizione giugno 2025
THE WEAPONS ENCYCLOPAEDIA (SOLDIERSHOP) is a trademark of Luca Cristini Editore

THE WEAPONS ENCYCLOPÆDIA

TANK AIRCRAFT AFV SHIP ARTILLERY VEHICLES SECRET WEAPON

CORAZZATA ROMA

E LE ALTRE NAVI DA BATTAGLIA DELLA CLASSE LITTORIO

LUCA STEFANO CRISTINI

BOOK SERIES FOR MODELERS & COLLECTORS

INDICE

▲ La Regia Nave da battaglia *Roma*, con la livrea mimetica modello 1942 vista dal lato di poppa, con la gru-catapulta per gli aerei ben visibile, probabilmente nel porto di La Spezia.

INTRODUZIONE

LA CORAZZATA ROMA: ORGOGLIO E TRAGEDIA DELLA REGIA MARINA ITALIANA

Un gigante dei mari nato tra le tensioni belliche

Nell'incandescente scenario geopolitico che precedette la Seconda Guerra Mondiale, l'Italia varò la corazzata *Roma*, terza unità della prestigiosa classe *Littorio*. Ultimo gioiello della flotta italiana, completato nel giugno 1942, questo colosso degli abissi non ebbe però mai l'opportunità di dimostrare il suo valore in battaglia. Il suo destino crudele si compì tragicamente durante la resa dell'Italia, quando due rivoluzionarie bombe plananti tedesche la colarono a picco nel Mediterraneo, mentre era diretta a Malta per consegnarsi agli Alleati.

IL CONTESTO STORICO: LA CORSA AGLI ARMAMENTI NAVALI

L'Italia si trovava in una posizione singolare dopo la Grande Guerra. A differenza delle altre potenze firmatarie del Trattato Navale di Washington (1922), la Regia Marina poteva permettersi di ampliare la propria flotta senza dover demolire le unità esistenti. Con appena cinque corazzate operative e un tonnellaggio ben al di sotto dei limiti imposti, l'Italia aveva carta bianca per modernizzare la propria marina. Tuttavia, la prudenza francese nel riarmo navale negli anni '20, spinse l'Italia a concentrarsi soprattutto sugli incrociatori pesanti. La situazione cambiò radicalmente nel 1932, quando Parigi varò le potenti navi della Classe *Dunkerque*, una chiara risposta alle minacce delle corazzate tascabili tedesche. Fu la scintilla che accese una nuova corsa agli armamenti: la Germania rispose a sua volta rilanciando con le temibili *Scharnhorst*, mentre l'Italia dava il via alla progettazione delle avveniristiche navi classe *Littorio*.

▲ La copertura a prua della RN *Roma* mostra una bella vista sulle due torri prodiere da 381 della corazzata (Foto Ufficio Storico Marina Militare).

TECNOLOGIA E INNOVAZIONE: IL PROGETTO RIVOLUZIONARIO

Il 28 ottobre 1934 segnò una data storica per la cantieristica italiana. Nei prestigiosi cantieri di Trieste e Genova vennero impostate le chiglie di *Vittorio Veneto* e *Littorio*, capostipiti di una classe che avrebbe fatto scuola. I progettisti italiani riuscirono a creare un perfetto equilibrio tra:

- Protezione corazzata avanzata
- Una potenza di fuoco superiore alla media
- Prestazioni velocistiche eccezionali

Il prezzo da pagare? Un dislocamento che sfiorava le 45.000 tonnellate a pieno carico, ben oltre i limiti dei trattati internazionali. È in questo contesto che nacque la *R.N. Roma*, definito sin da subito: orgoglio nazionale. La costruzione della RN *Roma*, avviata nel 1938 a Trieste, rispondeva infatti a precise esigenze strategiche.

L'ammiraglio Cavagnari aveva messo in guardia Mussolini: senza nuove corazzate, la flotta italiana sarebbe stata surclassata dalla combinazione delle due marine concorrenti francese e britannica.

Il varo nel giugno 1940 coincise con l'entrata in guerra dell'Italia. I tecnici risolsero brillantemente i problemi emersi durante i collaudi delle navi gemelle, ridefinendo la prua e potenziando l'armamento contraereo. Quando entrò in servizio due anni dopo, la RN *Roma* rappresentava l'eccellenza della tecnologia navale italiana. Purtroppo, il destino giocò contro questa magnifica unità comportando una vita operativa segnata dalle restrizioni:

- La cronica carenza di carburante ne limitò drasticamente le operazioni;
- Durante la cruciale battaglia dei convogli di agosto 1942, la RN *Roma* rimase inattiva a Taranto;
- I continui bombardamenti alleati costrinsero la flotta a un'umiliante inattività.

▲ Il varo della R.N. *Roma* avvenuto nei cantieri triestini il 9 giugno del 1940. A battezzare lo scafo fu la principessa Sofia Lanza Branciforte di Trabia, consorte del Governatore di Roma, Gian Giacomo Borghese, in un rito che combinava fasto dinastico e potenza militare.

L'episodio bellico più drammatico si verificò il 5 giugno 1943, quando un'ondata di B-17 americani colpì La Spezia. Una bomba perforante squarciò lo scafo della RN *Roma*, facendole imbarcare 2.350 tonnellate d'acqua. Nonostante i gravi danni, i tecnici riuscirono a riportarla in servizio dopo riparazioni d'urgenza nei cantieri di Genova. Come una fenice la nave risorse, ma fu una vicenda di breve durata.
La RN *Roma* stava andando infatti incontro ad una fine tragica: 9 settembre 1943, l'Italia ha firmato l'armistizio il giorno prima. Mentre la flotta italiana si dirigeva verso Malta per arrendersi, la RN *Roma* fu colta di sorpresa da un'innovativa arma tedesca: le bombe guidate FX-1400. Due colpi precisi ne segnarono il destino. In soli 25 minuti, il fiore all'occhiello della marina italiana scomparve tra i flutti, portando con sé 1.352 vite umane. Oggi, il relitto riposa a circa 400 metri di profondità nel Golfo dell'Asinara, monumento se insieme cimitero sommerso della fine di un'epoca.

ORGANIZZAZIONE DI QUESTO VOLUME

Questo volume mostra tutta la storia della *R.N. Roma* e genericamente anche della classi *Littorio* cui la corazzata apparteneva. Offre la descrizione delle sue caratteristiche tecniche, della sua storia operativa.

Mostra la linea dei profili di lato, dall'alto, la vista di poppa e di prua, tabelle riassuntive, schede biografiche sugli uomini importanti della nave, decine di foto restaurate praticamente tutte dai fondi dell'archivio centrale dello Stato in PD e molte foto ricolorate con i colori del tempo.

Abbiamo anche allegato diverse viste del modello in 3D nella livrea mimetica del ponte ad opera dell'artista "Cbhierro" che ne concede cortesemente l'uso in PD.

Particolarmente interessante la parte riservata al modello della nave: esistono in commercio molti kit di costruzione della nave *Roma* in diverse scale e dimensioni. Esistono anche modelli realizzati grazie alla maestria dei modellisti. Noi abbiamo fatto ricorso soprattutto al modello in scala 1:350 realizzato dal bravo modellista Romano Matteo d'Aniello. Abbiamo aggiunto anche altre immagini di altri modellisti noti come Maurizio Maggi, Fulvio Faccio e altri che ringraziamo per la grande disponibilità.

▲ Il modello in scala 1:350 rdella R.N. *Roma* realizzato dal modellista romano Maurizio Maggi, fotografato dall'autore in una mostra tenutasi nel castello di Urgnano (BG).

R.N. CORAZZATA ROMA - CLASSE LITTORIO 1938-1943

▲ Questo è il profilo della grande nave italiana, lunga oltre 240 metri e pesantemente armata con svariate armi di artiglieria. Qui è mostrata nella livrea inziale prima che le venissero aggiunti i colori mimetici.

LA R.N. ROMA E LA CLASSE LITTORIO

L'AGGIORNAMENTO ITALIANO DELLE GRANDI NAVI DA BATTAGLIA

Dopo la Prima Guerra Mondiale, il Trattato di Washington (1922) impose una "vacanza navale", bloccando la costruzione di nuove navi da guerra e portando alla demolizione di alcune unità, come le corazzate italiane classe *Caracciolo* usate. Riprese le costruzioni, molte Marine preferirono modernizzare le corazzate esistenti (1908-1910), aggiornando motori, armamenti e sistemi di tiro. La Conferenza di Washington (1921) nacque forse più da necessità economiche che da ideali di pace, dato il dissesto finanziario postbellico. Il trattato limitò il tonnellaggio delle corazzate a 35.000 tonnellate e il calibro dei cannoni a 406 mm, congelando tutti i nuovi progetti fino al 1931. L'Italia ottenne pertanto una parità con la Francia e la possibilità di costruire 70.000 tonnellate di navi, ma sfruttò poco questa opportunità, concentrandosi soprattutto su incrociatori e sommergibili.

Negli anni '20, si studiarono corazzate da 23.000 tonnellate con cannoni da 381 mm, ma la Conferenza di Londra (1930) prolungò la "vacanza navale" fino al 1936, senza ridurre ulteriormente il tonnellaggio, facendo così abbandonare i progetti intermedi.

Tuttavia, già nel 1934, le maggiori potenze ripresero ciascuna piena libertà d'azione negli armamenti e lo Stato Maggiore della nostra Marina giudicò che 2 sole corazzate da 35.000 tonnellate sia pure con l'ammodernamento di 4 unità già in armamento nella Prima guerra mondiale non fossero sufficienti a fronteggiare le eventuali forze riunite francesi e britanniche nel Mediterraneo; considerò perciò necessario costruire altre 2 navi da battaglia da 35.000 tonnellate.

Esse ebbero solo lievi modifiche rispetto alle precedenti. Una, la RN *Roma*, fu assegnata in costruzione ai Cantieri Riuniti dell'Adriatico, l'altra, *la RN Impero*, all'Ansaldo di Genova; entrambe furono impostate nel 1938. *Vittorio Veneto* e *Littorio* entrarono in servizio nel 1940, poco prima dell'inizio delle ostilità, la RN *Roma* nel 1942 e la *RN Impero*, sopravvenuto l'armistizio, non fu mai completata. La differenza più

▲ La R.N. Corazzata *Vittorio Veneto*, la prima nave della classe *Littorio* mentre si appresta a entrare nel mare piccolo di Taranto all'altezza del ponte girevole.

▲ L'ammiraglio Angelo Iachino, comandante del 1° squadrone della Regia Marina, parla con il re d'Italia, Vittorio Emanuele III, a bordo della corazzata *Littorio* durante la visita di quest'ultimo a Taranto, febbraio 1942.

sensibile fra le ultime due e le precedenti era la linea della prora: *Roma* e *Impero* avevano un castello più rialzato, cioè un cavallino più pronunciato. La poppa era del tipo incrociatore, leggermente più arrotondata nella RN *Roma* e nella *RN Impero*. Le 4 navi della classe "*Littorio*" avevano tutte le altre caratteristiche comuni: notevole era la sistemazione di 3 timoni: uno principale assiale e 2 ausiliari, secondari, tra gli assi interni e quelli esterni delle eliche, che erano 4.

Il rapporto fra il volume dello scafo e quello complessivo delle sovrastrutture era molto armonico e conferiva a tali navi un aspetto aggressivo. Il torrione riprendeva lo schema ormai collaudato della seconda serie dei *"Condottieri"* (*Muzio Attendolo, Eugenio di Savoia, Montecuccoli*).

Al centro della nave, 2 grandi fumaioli ravvicinati. Quello prodiero aveva come propaggine la plancetta di direzione del tiro delle mitragliere. L'albero prodiero più alto era unito al torrione da 4 passerelle, una delle quali serviva da stazione segnali. L'albero poppiero, più basso, sorgeva da una struttura a poppavia dei fumaioli, la quale accoglieva il posto di comando poppiero e i proiettori. A poppa estrema era sistemata una catapulta orientabile, per il lancio di 3 aerei che in origine erano dei RO 43 a motore stellare, biplani da ricognizione, idrovolanti "a scarpone" cioè dotati di un grosso galleggiante centrale e di 2 più piccoli sotto le ali e più alti di quello centrale. Al decollo e in ammaraggio l'aereo si teneva in equilibrio su quello centrale, mentre, da fermo, in acqua, rimaneva leggermente sbandato poggiando su uno dei galleggianti laterali. In un secondo tempo 2 dei RO 43 vennero sostituiti da caccia Re 2.000.

La resistenza della corazzatura fu sperimentata nel maggio 1935 al balipedio Cottrau di La Spezia. Essa si dimostrò capace di resistere all'impatto di proietti perforanti da 406 mm sparati da una distanza di 24.000 m e a quello di bombe d'aereo da 1.280 kg, di non eccessiva capacità perforante ma di grande potenza esplosiva, nonché capace di resistere a bombe perforanti da 835 kg, ambedue i tipi di bomba con una velocità d'urto di 250 m/sec, cioè la massima velocità naturale di caduta (non esistevano, allora, bombe con propellente a razzo). La protezione verticale nella parte centrale della nave, cioè dal deposito munizioni della torre n. 1 g.c., al deposito della torre n. 3 g.c. era assicurata da una piastra dello spessore di 350 mm, non verticale, ma convergente verso il basso con il piano mediano dello scafo, in modo da di-

▲ Bellissima immagine della RN *Roma* nelle fasi di approntamento finale nei cantieri di Monfalcone (estate 1942).

R.N. CORAZZATA ROMA - CLASSE LITTORIO 1938-1943

▲ Un altro profilo della corazzta *Roma*, databile attorno al 1942 in cui si apprezza la nuova livrea con i nuovi colori mimetici. All'altezza della prua era anche dipinta una finta ancora.

minuire l'angolo di impatto dei proietti, il che equivaleva ad un maggiore spessore di corazza. La cintura corazzata si riduceva a 60 mm nella zona prodiera e a 100 mm in quella poppiera. A breve distanza dalla cintura corazzata c'era una paratia paraschegge di 36 mm; un'altra, anch'essa paraschegge, di 24 mm inclinata in senso contrario alla cintura corazzata, sistemata più internamente, fungeva anche da sostegno al ponte corazzato principale. Il ridotto corazzato era completato da 2 traverse corazzate dello spessore di 210 mm a prora e di 290 mm a poppa. Le traverse erano rispettivamente a proravia del deposito munizioni g.c. della torre n. 1 e a poppavia del deposito g.c. della torre n. 3.

Il progetto, diretto dall'ingegner Umberto Pugliese, combinava innovazioni tecniche come il sistema di protezione subacquea a cilindro decompressore. Dopo due anni di studi e test sui modelli, si scelse un dislocamento di circa 40.000 tonnellate, superando i limiti del trattato. Le carene ottimali furono sviluppate dai Cantieri Riuniti dell'Adriatico (C.R.D.A.), e la costruzione iniziata nel 1934, segnò la rinascita della flotta da battaglia italiana.

La RN *Roma*, prese il nome da due navi precedenti e dalla città di Roma, fu la terza corazzata di classe *Littorio* della Regia Marina italiana. La costruzione sia della RN *Roma* che della sua nave gemella RN *Impero* fu dovuta alle crescenti tensioni in tutto il mondo e al timore della marina che solo due *Littorio*, anche in compagnia di corazzate più vecchie precedenti alla Prima guerra mondiale, non sarebbero state sufficienti a contrastare le flotte britanniche e francesi del Mediterraneo in caso di una possibile alleanza franco-britannica. Poiché la RN *Roma* fu impostata quasi quattro anni dopo le prime due navi della classe, furono apportati alcuni piccoli miglioramenti al progetto, tra cui l'aggiunta di un bordo libero aggiuntivo a prua.

La RN *Roma* entrò in servizio nella Regia Marina il 14 giugno 1942, ma una grave carenza di carburante in Italia in quel periodo ne impedì il dispiegamento; invece, insieme alle navi gemelle *Vittorio Veneto* e *Littorio*, fu utilizzata per rafforzare le difese antiaeree di diverse città italiane. In questo ruolo, fu gravemente danneggiata ben due volte nel giugno 1943, da incursioni di bombardieri su La Spezia.

Dopo le riparazioni a Genova, trascorse tutto luglio e parte di agosto, la RM *Roma* fu schierata come nave ammiraglia dell'ammiraglio Carlo Bergamini in un ampio gruppo da battaglia che alla fine comprendeva le tre *Littorio*, otto incrociatori e otto cacciatorpediniere. Il gruppo da battaglia avrebbe dovuto attaccare le navi alleate in avvicinamento a Salerno per invadere l'Italia (Operazione *"Avalanche"*) il 9 settembre 1943, ma la notizia dell'armistizio con gli Alleati dell'8 settembre 1943 portò alla cancellazione dell'operazione. Alla flotta italiana fu invece ordinato di salpare per La Maddalena (Sardegna) e successivamente

▲ Una fotografia ben conosciuta della R.N. corazzata *Roma*, ancorata nel porto di Trieste il 21 agosto 1942 poco prima del suo trasferimento a Taranto per completare l'addestramento e l'allestimento dell'equipaggio. Appare nel suo schema mimetico "standard", con pannelli poligonali grigio scuro su fondo grigio chiaro; le aree bianche sarebbero poi state ricolorate di grigio chiaro entro la fine del 1942 (vedi immagine del profilo nella pagina accanto).

per Malta per arrendersi agli Alleati.

CONTESTO STORICO E DECISIONI POLITICHE

Facciamo ora un passo indietro e torniamo fino al 1933. Fino ad allora il regime fascista guidato da Benito Mussolini mantenne un atteggiamento prudente riguardo al riarmo navale. Tuttavia, a partire da quell'anno, cambiamenti significativi segnarono l'inizio di una nuova stagione per la Regia Marina. Due corazzate della *classe Conte di Cavour* furono avviate a un profondo processo di modernizzazione, mentre venne posta la chiglia di due nuove corazzate: *Vittorio Veneto* e *Littorio*, nel 1934.

Nel maggio 1935, il Ministero della Marina italiana predispose un ambizioso piano quinquennale di costruzioni navali, comprendente quattro corazzate, tre portaerei, quattro incrociatori, cinquantacinque sommergibili e circa quaranta unità minori. In questo quadro strategico, l'ammiraglio Domenico Cavagnari propose nel dicembre dello stesso anno la costruzione di due ulteriori corazzate della classe *Littorio*. L'obiettivo era contrastare una possibile alleanza navale franco-britannica che avrebbe potuto rapidamente superare in forza la flotta italiana nel Mediterraneo. Mussolini, inizialmente esitante, approvò la pianificazione delle due nuove unità nel gennaio 1937, e nel dicembre successivo furono stanziati i

▲ Marinai italiani impegnati con un sofisticato strumento di osservazione a corredo delle nuove navi da battaglia itaiane. Questa serie di immagini fa riferimento alla corazzata leggera *Giulio Cesare*. Archivio di Stato.

▲ La corazzata *Roma* ripresa per intero dall'alto con la parte prodiera in primo piano. Interessante notare la mimetica del tipo da "mezzi corarzzati" tinteggiata sulla torre della nave, prima della mimetica moderna del 1942.

SCHEDA TECNICA della R.N.ROMA	
Tipo	**Nave da battaglia - Classe Littorio**
Cantieri	C.R.D.A San Marco Trieste
Impostazione -Varo- Fine	Sett. 1938 / Giugno 1940/ Affondata 9 settembre 1943
Dislocamento	44.050 t - 46.215 t a pieno carico
Misure (in metri)	Lunghezza: 240. Larghezza: 33, Pescaggio: 10,5
Propulsione	8 caldaie, 4 turbine Belluzzo, 4 eliche Potenza: 130/140.000 CV
Velocità massima	31 nodi (58 KM orari)
Autonomia	3920 miglia a 20 nodi (con 4000 T di nafta)
Equipaggio	120 ufficiali e 1.800 membri dell'equipaggio
Sensori di bordo	Radar EC3/ter «Gufo»
Armamento Cannoni	-9 da 381/50 Mod. 1934 (tre torri trinate) -12 da 152/55 mm Mod. 1936 (quattro torri trinate) -4 da 120/40 mm (secondo alcune fonti il Mod. 1891, secondo altre il Mod. 1893) per il tiro illuminante (4 installazioni singole) -12 AA da 90/50 mm Mod. 1939 (12 torri singole)
Armamento Mitragliere	-16 AA da 37/54 mm Mod. 1932 (8 installazioni binate) -4 AA da 37/54 mm Mod. 1939 (4 installazioni singole) -28 AA da 20/65 mm Mod. 1935 (14 installazioni binate)
Corazzatura	350 mm (verticale) 150/207 mm (orizzontale sopra i depositi munizioni) 350 mm (max. artiglierie principali) 280mm (max. artiglierie secondarie) 260 mm (torrione di comando)
Mezzi aerei	3 tra IMAM Ro.43 e Reggiane Re.2000

fondi necessari. Le nuove corazzate presero il nome di *Roma* e *Impero*. Improntata a criteri di evoluzione rispetto alle sorelle maggiori, la RN *Roma* fu progettata con miglioramenti significativi: una prua rialzata per un maggiore bordo libero e una linea di galleggiamento affinata, derivante dall'esperienza maturata con la *RN Vittorio Veneto*. Fu inoltre dotata di trentadue cannoni Breda da 20 mm/65, in luogo dei ventiquattro originari.

CARATTERISTICHE TECNICHE E PROGETTUALI

Descrizione

La corazzata *Roma* presentava una lunghezza complessiva di 240,68 metri (789 piedi e 8 pollici), una larghezza massima di 32,82 metri (107 piedi e 8 pollici) e un pescaggio di 9,6 metri (31 piedi e 6 pollici). Il dislocamento standard era pari a 40.992 tonnellate lunghe (41.650 tonnellate metriche), un valore che eccedeva i limiti imposti dal Trattato navale di Washington (35.000 tonnellate lunghe), sebbene tale trattato fosse già decaduto al momento della posa della chiglia. A pieno carico per l'impiego bellico, la RN *Roma* raggiungeva un dislocamento di 45.485 tonnellate lunghe (46.215 tonnellate metriche).

La propulsione era garantita da quattro turbine a vapore Belluzo a riduzione, alimentate da otto caldaie Yarrow a combustibile liquido, in grado di sviluppare complessivamente 128.000 cavalli vapore (95.000 kW). Ciò permetteva alla nave di raggiungere una velocità massima di 30 nodi (circa 56 km/h), con un'autonomia operativa di 3.920 miglia nautiche (7.260 km) alla velocità di crociera di 20 nodi (37 km/h).

L'equipaggio era composto da un numero variabile tra 1.830 e 1.950 uomini. A poppa era installata una catapulta per il lancio di velivoli da ricognizione, e la dotazione aerea comprendeva fino a tre idrovolanti IMAM Ro.43 o caccia Reggiane Re.2000.

Il progetto della classe fu curato dal generale ispettore del Genio Navale Umberto Pugliese. Le navi di questa classe rappresentano uno dei primi esempi di unità da battaglia con dislocamento superiore alle 35.000 tonnellate, soglia fissata dal trattato navale allora in vigore. Tale limite fu ampiamente superato – come già era avvenuto per gli incrociatori pesanti della classe Zara – per soddisfare esigenze operative e progettuali ritenute prioritarie. In realtà, secondo un documento riservato redatto dal Sottosegretariato alla Marina, il limite interno stabilito era di 40.000 tonnellate.

Dopo il varo delle prime due unità della classe (*Littorio* e *Vittorio Veneto*) nel 1934, la situazione internazionale – aggravata dai conflitti in Etiopia e in Spagna – indusse il governo italiano a rafforzare il programma di riarmo navale. Così, nel 1938, furono impostate le ultime due unità: *Roma* e la gemella *Impero*.

IMPIANTI DI PROPULSIONE E DOTAZIONI TECNICHE

Il cuore propulsivo della RN *Roma* era un raffinato complesso a vapore, frutto della più avanzata ingegneria navale italiana dell'epoca. L'apparato comprendeva quattro gruppi turboriduttori alimentati dal vapore prodotto da otto caldaie di tipo Yarrow, adattate secondo gli standard della Regia Marina e alimentate a nafta. In queste caldaie, l'acqua veniva preriscaldata grazie a un ingegnoso sistema che sfruttava il calore residuo dei gas di scarico, ottimizzando così l'efficienza termica complessiva.

Il sistema motore era protetto con grande cura: ogni caldaia era racchiusa in un cilindro corazzato indipendente, mentre griglie corazzate salvaguardavano le aperture in prossimità dei fumaioli. Tale protezione si integrava armoniosamente con la corazza superiore della nave e con la struttura del triplo fondo,

▲ Cerimonia dell'alzabandiera sul ponte di poppa coperto di fasciame di legno.

esteso nella zona della cittadella corazzata.
La potenza sviluppata dall'intero apparato raggiungeva i 130.000 cavalli vapore, assicurando una velocità massima teorica di 31 nodi. In condizioni operative, a una velocità di crociera di 20 nodi, l'autonomia si limitava a 3.380 miglia nautiche: un dato modesto rispetto a unità omologhe di altre marine, che di fatto confinava l'impiego della RN *Roma* all'ambito del Mediterraneo.

Il sistema prevedeva un'interessante soluzione d'emergenza: in caso di guasto a uno dei turboriduttori, era possibile convogliare direttamente il vapore surriscaldato verso la turbina ad alta pressione, ottenendo così una potenza di sovraccarico pari a 36.000 cavalli per gruppo. Secondo il diario di bordo conservato presso l'Ufficio Storico della Marina Militare, nelle prove a piena potenza del 21 agosto 1942 la RN *Roma* raggiunse e mantenne per un'ora la velocità effettiva di 29,2 nodi.
La trasmissione della potenza avveniva tramite quattro assi motore collegati ad altrettante eliche tripala – due centrali e due laterali. Il governo della nave era affidato a un timone principale posizionato a poppa, esattamente nel flusso delle eliche centrali, affiancato da due timoni ausiliari laterali, destinati al governo d'emergenza e situati nel flusso delle eliche laterali.
La componente aerea, seppur limitata, era significativa: la nave poteva imbarcare fino a tre velivoli, tutti appartenenti alla Regia Aeronautica, in quanto alla Marina non era consentito il possesso diretto di aeromobili. In servizio normale si trattava di idrovolanti da ricognizione IMAM Ro.43, ma a partire dall'estate del 1943 furono imbarcati anche due caccia Reggiane Re.2000 in versione catapultabile.

Per il recupero degli idrovolanti la RN *Roma* era dotata di due gru, anche se la complessità delle operazioni – che richiedevano l'arresto completo della nave – rendeva più pratico dirigere i velivoli verso aeroporti alleati, una necessità imprescindibile nel caso dei caccia. I Reggiane Re.2000 provenivano dalla Squadriglia di Riserva Aerea delle Forze Navali da Battaglia, formata da otto aerei, sei dei quali operativi all'epoca dell'armistizio. Uno di questi era effettivamente a bordo della RN *Roma* al momento della sua partenza per La Maddalena. Tra le dotazioni tecnologiche di bordo, merita menzione il radar EC3/ter "Gufo", sviluppato dalla SAFAR di Milano, un raro esempio dell'elettronica avanzata impiegata dalla Marina italiana in quegli anni.

▲ Altra bella immagine della corazzata *Roma* in cui appare in tutta la sua geometria l'elaborata mimetica della nave. Nella foto piccola: una rara immagine del radar EC3/ter "Gufo" sviluppato dalla SAFAR di Milano per la Marina.

R.N. CORAZZATA ROMA - CLASSE LITTORIO 1938-1943

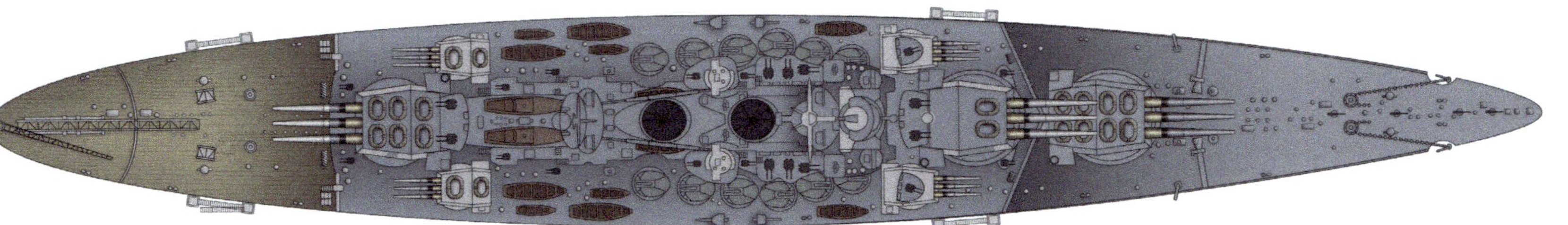

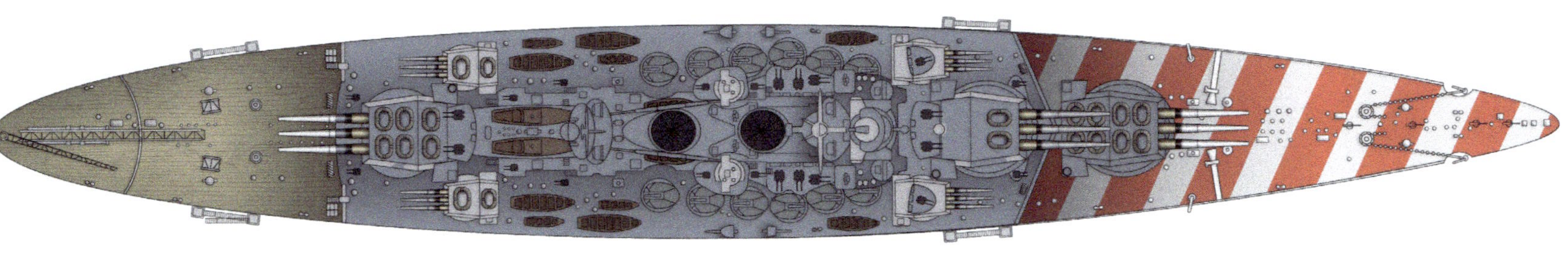

▲ Due viste dall'alto del profilo della corazzta *Roma*: la prima senza righe bianche e rosse precede la soluzione mimetica. La seconda fa riferimento alla livrea adottata nel 1942.

▲ R.N. corazzata *Roma*, vista della prua.

ARMAMENTO

L'armamento principale della RN *Roma* rappresentava il culmine della potenza navale italiana del periodo, una sintesi perfetta tra forza bruta e precisione tecnica. Il cuore offensivo della corazzata era costituito da nove cannoni da 381 mm, modello 1934, con una lunghezza di calibro 50, distribuiti in tre torrette trinate ad azionamento elettrico: due poste a prua e una a poppa. Questi colossi dell'artiglieria navale erano in grado di lanciare proiettili perforanti del peso di 885 kg o esplosivi da 774 kg, con una velocità iniziale rispettivamente di 850 e 870 metri al secondo. L'elevazione consentita andava da un minimo di -5°30' fino a un massimo di 36°, permettendo una gittata teorica massima di ben 44.000 metri. Tuttavia, in condizioni operative reali e con tiro diretto efficace, tale distanza si riduceva tra i 28.000 e i 30.000 metri.

La costruzione di queste torri fu affidata a due delle principali industrie belliche italiane dell'epoca: i tre cannoni della torre prodiera furono realizzati dalla Ansaldo, mentre le restanti sei bocche da fuoco, distribuite tra la torre poppiera e la seconda torre anteriore, uscirono dagli stabilimenti della O.T.O. (Odero Terni Orlando), a testimonianza della cooperazione industriale nazionale nella realizzazione di queste imponenti macchine da guerra.

Ad affiancare i pezzi da 381 mm nel ruolo antinave e antiaereo, la RN *Roma* era dotata di un consistente armamento secondario: dodici cannoni da 152 mm lunghi 55 calibri, modello 1936, disposti in quattro torrette trinate. Queste armi, sebbene progettate per il contrasto alle unità leggere nemiche, erano utilizzabili anche per lo sbarramento contraereo grazie alla loro buona elevazione e rapidità di tiro.

Per la difesa contro attacchi aerei, la nave disponeva di dodici cannoni da 90/50 mm, installati in affusti singoli. Queste armi, con caricamento manuale, erano di tipo duale - ovvero impiegabili sia contro bersagli aerei che navali - e raggiungevano un alzo massimo di 75°. La gittata contro bersagli di superficie variava, a seconda delle fonti, tra i 13.000 e i 15.548 metri, mentre la tangenza antiaerea (cioè l'altitudine massima raggiungibile da un proiettile) oscillava tra i 9.000 e i 10.500 metri.

In aggiunta, la nave era dotata di quattro pezzi da 120/40 mm utilizzati per il tiro illuminante notturno, e di una nutrita batteria di artiglieria automatica per la difesa ravvicinata: venti cannoni Breda da 37/54 mm (in otto impianti binati e quattro singoli) e almeno ventotto mitragliere da 20/65 mm disposte in quattordici installazioni binate. Alcune fonti, tuttavia, indicano un numero leggermente superiore, fino a

▲ Le due gigantesche torri prodiere della RN *Roma* con cannoni da 381 mm modello 1934, vero martello offensivo della corazzata.

trentadue mitragliere distribuite in sedici impianti doppi, segno delle varianti apportate nel tempo o delle divergenze nei documenti tecnici coevi.

Le esperienze maturate con le unità sorelle *Littorio* e *Vittorio Veneto* portarono a significativi miglioramenti nel sistema di direzione del tiro sulla RN *Roma*. Le centrali di controllo antiaereo furono potenziate, consentendo l'ingaggio efficace di bersagli fino a 14.000 metri di distanza e 8.000 metri di quota – superiori rispetto ai limiti delle precedenti navi della classe, che si fermavano rispettivamente a 12.000 e 6.000 metri.

Questo apparato d'armamento, insieme alla sofisticata strumentazione di controllo del tiro, faceva della RN *Roma* una delle navi da battaglia più moderne e temibili dell'epoca, benché le sue capacità non ebbero modo di esprimersi pienamente a causa delle drammatiche circostanze che ne segnarono la breve carriera operativa.

▲ Marinaio italiano impegnato a osservare l'orizzonte da una postazione a corredo delle nuove navi da battaglia itaiane. Questa serie di immagini fa riferimento alla corazzata leggera *Giulio Cesare*. Archivio di Stato.

▲ R.N. corazzata *Roma*, vista della poppa.

▲ Marinai italiani impegnati con un sofisticato strumento di osservazione a corredo delle nuove navi da battaglia itaiane. Questa serie di immagini fa riferimento alla corazzata leggera *Giulio Cesare*. Archivio di Stato.

▲ Bella vista in lunghezza della corazzata *Roma*, probabilmente nel porto di Trieste. Archivio di Stato.

PROTEZIONE

Il sistema difensivo della corazzata *Roma* rappresentava uno dei più avanzati esempi dell'ingegneria navale italiana del periodo, frutto di un'attenta progettazione volta a garantire la massima sopravvivenza dell'unità anche sotto il fuoco più intenso. Il nucleo centrale della nave, compreso tra la torre prodiera e quella poppiera, era costituito da una cittadella corazzata – la parte più fortemente protetta – pensata per salvaguardare gli organi vitali dell'imbarcazione: depositi munizioni, centrali di tiro, apparato motore e locali di comando.

Superiormente, questa cittadella era coperta da una corazza orizzontale che variava di spessore: 100 mm nella zona poppiera, rastremandosi gradualmente fino a 70 mm verso prua. Sul piano verticale, la protezione era affidata a una robusta cintura corazzata dello spessore massimo di 350 mm, inclinata di 15° verso l'interno – una scelta volta a migliorare la capacità di deflessione dei proiettili nemici. Questa corazza principale si estendeva ben al di sotto della linea di galleggiamento, assicurando protezione anche contro i colpi che cercavano di colpire lo scafo sott'acqua. Ai due estremi della nave, lo spessore della cintura si riduceva progressivamente fino a 60 mm.

All'interno dello scafo, parallela alla corazza esterna, si trovava una doppia paratia paraschegge: la prima spessa 36 mm, seguita da una seconda di 24 mm. Questo doppio strato aveva lo scopo di contenere eventuali frammenti penetrati oltre la corazza principale, riducendo il rischio di incendi o esplosioni nei compartimenti interni. L'organizzazione della compartimentazione e il bilanciamento interno della nave conferivano alla RN *Roma* una notevole stabilità e capacità di galleggiamento, anche in caso di danni gravi causati da siluri o mine, come dimostrato nei casi in cui le sue unità gemelle – *Littorio* e *Vittorio Veneto* – riuscirono a rientrare in porto nonostante ripetuti colpi ricevuti in battaglia.

La protezione subacquea era affidata all'innovativo sistema dei cilindri Pugliese, una soluzione ideata dal generale e ingegnere navale Umberto Pugliese, destinata a fornire un'efficace risposta alla minaccia silurante. Questo sistema consisteva in grandi cilindri cavi del diametro di 3,80 metri e della lunghezza di

▲ La corazzata *Roma* nel 1942, con i marinai impegnati nei lavori di bordo, fra cui il restauro e la pulizia delle fiancate, di cui si puo notare il tipico layout.

UMBERTO PUGLIESE

Umberto Pugliese (Napoli, 1880 – Roma, 1961) fu una figura di spicco dell'ingegneria navale italiana e uno dei protagonisti della rinascita tecnica della Regia Marina nel primo Novecento. Ingegnere e ufficiale del Genio Navale, raggiunse il grado di generale ispettore, distinguendosi per la sua visione innovativa e il profondo senso del dovere patriottico.

La sua fama è legata principalmente all'ideazione del sistema di protezione subacquea noto come "**Cilindro Pugliese**", una soluzione originale e ambiziosa concepita per proteggere le navi da guerra dalle esplosioni subacquee provocate da mine e siluri. Questo sistema fu adottato nelle corazzate della classe *Littorio* (*Littorio*, *Vittorio Veneto*, *Roma* e *Impero*), tra le più moderne dell'epoca.

IL SISTEMA PUGLIESE

Il principio su cui si basava era tanto semplice quanto ingegnoso: tra la murata esterna e lo scafo interno veniva ricavato un compartimento pieno d'acqua o nafta, all'interno del quale correva un grande cilindro metallico cavo, del diametro di circa 3,80 metri e lungo fino a 120 metri. In caso di esplosione subacquea, l'onda d'urto avrebbe dovuto comprimere e deformare il cilindro, dissipando parte dell'energia dell'esplosione e proteggendo così lo scafo interno.

Sebbene il sistema si dimostrasse teoricamente valido, nella pratica non fu sempre efficace come previsto, soprattutto a causa di limiti costruttivi e della potenza crescente delle armi subacquee nemiche. Tuttavia, il contributo concettuale di Pugliese rimane un esempio del tentativo, da parte dell'ingegneria navale italiana, di competere ai più alti livelli internazionali, in un'epoca di rapide evoluzioni tecnologiche e belliche.

CARRIERA E PERSECUZIONE

Pugliese fu anche direttore generale delle Costruzioni Navali presso il Ministero della Marina e ricoprì un ruolo centrale nella modernizzazione della flotta negli anni '30. Fu inoltre un fervente sostenitore della progettazione navale integrata, cercando sempre di conciliare le esigenze tecniche, operative e industriali.

Nel 1938, con la promulgazione delle leggi razziali fasciste, Pugliese, di origine ebraica, fu costretto a lasciare il servizio attivo nonostante la sua altissima competenza e il valore dimostrato. Soltanto nel dopoguerra poté riottenere pienamente il suo ruolo e l'onore che gli spettava.

Con la nascita della Repubblica Italiana, fu reintegrato nei suoi diritti e accolto con rispetto nel mondo accademico e tecnico.

EREDITÀ

Umberto Pugliese è ricordato non solo per il suo ingegno tecnico, ma anche per l'integrità morale e la dedizione al servizio del Paese. Il suo nome resta legato a un'epoca in cui la Marina italiana cercò, pur tra limiti e contraddizioni, di rinnovarsi profondamente. La sua opera rappresenta uno dei momenti più alti dell'ingegneria navale nazionale del Novecento.

▲ Il sistema Pugliese si vede bene in questa interessante foto dello scafo in lavorazione, dove all'altezza del terzo centrale della fiancata veniva posto un enorme cilindro che doveva servire ad attuire i colpi dei siluri e delle mine.

▲▼ Immagini dell'interno della nave, curati nel dettaglio ed estremamente moderni. Si vedono sale riunioni comando, alloggi e biblioteca nella pagina qui sopra e in quella a lato.

circa 120 metri, installati all'interno di un'intercapedine lungo le murate dello scafo, tra lo scafo esterno e quello interno. Tali intercapedini erano riempite con liquidi – solitamente acqua o nafta – che fungevano da mezzo dissipativo in caso di esplosione subacquea.

Nel caso in cui una mina o un siluro avesse colpito la nave, l'onda d'urto si sarebbe propagata attraverso questi compartimenti liquidi fino a raggiungere il cilindro, che si sarebbe deformato, schiacciato o frantumato, assorbendo gran parte dell'energia esplosiva. Questo meccanismo di deformazione controllata aveva lo scopo di limitare la trasmissione dell'onda agli spazi vitali interni, riducendo così la gravità dei danni strutturali allo scafo principale.

Sebbene in pratica il sistema Pugliese si dimostrasse meno efficace di quanto auspicato – soprattutto di fronte a esplosivi di potenza crescente – esso rimane una testimonianza della volontà italiana di elaborare soluzioni originali e coraggiose nel campo della difesa navale, in un'epoca in cui la superiorità tecnologica delle corazzate era ancora considerata il fondamento della potenza marittima.

COSTRUZIONE ED ENTRATA IN SERVIZIO

La costruzione della RN *Roma*, terza delle possenti corazzate della classe *Littorio*, ebbe inizio il 18 settembre 1938 presso i prestigiosi Cantieri Riuniti dell'Adriatico (CRDA) nello stabilimento San Marco di Trieste. Il varo della nave avvenne il 9 giugno 1940, in un clima ormai carico di tensioni belliche: fu celebrato con solennità appena un giorno prima della dichiarazione di guerra dell'Italia al Regno Unito e alla Francia.

A battezzare lo scafo fu la principessa Sofia Lanza Branciforte di Trabia, consorte del Governatore di *Roma*, Gian Giacomo Borghese, in un rito che combinava fasto dinastico e potenza militare.

Nonostante fosse stata varata quasi in parallelo con la gemella *Impero*, l'allestimento della RN *Roma* richiese due mesi aggiuntivi, dovuti a modifiche alla prua introdotte a seguito delle esperienze maturate durante le prime prove a mare del *Littorio*. L'urgenza delle esigenze operative portò addirittura a un'imprevista deviazione del processo di completamento: il 28 marzo 1941, durante la battaglia di Capo

CARLO BERGAMINI (1888-1943)

L'Ammiraglio che cadde con la nave *Roma*

Carlo Bergamini fu uno dei più insigni ammiragli della Regia Marina, protagonista di entrambi i conflitti mondiali. La sua carriera, segnata da coraggio e dedizione, si concluse tragicamente con l'affondamento della corazzata *Roma*, nel quale perse la vita insieme a 1.393 uomini d'equipaggio. Per il suo valore, gli fu conferita la Medaglia d'Oro al Valor Militare.

Nato a San Felice sul Panaro, in provincia di Modena, Bergamini si formò all'Accademia Navale di Livorno. Divenuto guardiamarina, prestò servizio sulla corazzata *Regina Elena* e, successivamente, partecipò alla guerra italo-turca a bordo dell'incrociatore *Vettor Pisani*.

Promosso tenente di vascello, assunse il ruolo di direttore di tiro sull'incrociatore *Pisa* durante la Prima Guerra Mondiale. Si distinse nella difesa di Valona (1916) e nel bombardamento di Durazzo (1918), azione che gli valse la Medaglia d'Argento al Valor Militare.

Nel dopoguerra, Bergamini assunse il comando di una torpediniera e, in seguito, divenne direttore di tiro sulla *Doria*. La sua competenza nei sistemi d'arma lo portò alla Direzione Generale Armi e Armamenti Navali del Ministero della Marina (1929-1931).

Dopo ulteriori incarichi su diverse unità, nel 1937 fu richiamato al Ministero, contribuendo allo sviluppo tecnologico della flotta.

L'AMMIRAGLIO IN GUERRA

Promosso contrammiraglio (1938) e poi ammiraglio di divisione (1939), assunse il comando della 5ª Divisione Navale, guidando le corazzate *Conte di Cavour e Giulio Cesare.*

Durante la Seconda Guerra Mondiale, comandò la 9ª Divisione e partecipò alla battaglia di Capo Teulada (1940) a bordo della *RN Vittorio Veneto*, meritando l'Ordine Militare di Savoia.

Nel 1943, divenne comandante in capo della flotta da battaglia italiana, con insegna sulla RN *Roma*, nave per la quale aveva personalmente progettato i sistemi di tiro.

L'Operazione Sigma e gli ultimi giorni

Nell'agosto 1943, gli fu proposto un audace attacco contro le basi alleate a Palermo e Bona, ma Bergamini espresse dubbi sull'operazione, che fu infine annullata.

Intanto, la situazione in Italia si faceva sempre più critica. Dopo l'armistizio dell'8 settembre, la flotta italiana ricevette l'ordine di consegnarsi agli Alleati. Durante la navigazione verso Malta, la RN *Roma* fu colpita e affondata da bombardieri tedeschi il 9 settembre 1943. Bergamini scelse di rimanere al suo posto, condividendo il destino del suo equipaggio.

Eredità e riconoscimenti

Oltre alla Medaglia d'Oro al Valor Militare, Bergamini è ricordato come un ufficiale capace e risoluto, simbolo di dedizione al dovere fino all'estremo sacrificio. La Marina Militare italiana ha intitolato a suo nome una fregata, mantenendo viva la memoria di un eroe del mare.

Matapan, un siluro aereo danneggiò un asse portaelica del *Vittorio Veneto*. Per accelerarne la riparazione, il 4 aprile *Roma* fu trainata d'urgenza fino al Cantiere navale di Monfalcone per cedere temporaneamente uno dei suoi assi, poi reinstallato sul *Vittorio Veneto*. Subito dopo, l'unità fu riportata a Trieste nella notte tra il 17 e il 18 aprile per proseguire l'allestimento.

La RN *Roma* compì la sua prima navigazione autonoma il 9 novembre 1941, sebbene ancora priva dell'asse mancante. Raggiunse Venezia, dove tale componente fu ripristinato, per poi rientrare al cantiere triestino il 14 dicembre. Fin dalla fase del varo, il comando dell'unità fu affidato al capitano di vascello Adone Del Cima, che ne seguì con attenzione tutte le fasi di completamento, conclusesi nel corso del primo quadrimestre del 1942. Nel maggio di quell'anno, la nave effettuò le prove in mare, manovrando nel golfo di Trieste sotto la protezione di una scorta navale appositamente predisposta.

Finalmente, il 14 giugno 1942 – a esattamente due anni dal varo – la RN *Roma* entrò ufficialmente in servizio nella Regia Marina. Tuttavia, le mutate condizioni strategiche del conflitto impedirono alla nave di prendere parte a scontri navali significativi contro la Royal Navy.

Il 22 agosto la RN *Roma* raggiunse Taranto, dove fu inquadrata nella IX Divisione Navale, insieme alle sorelle *Littorio* e *Vittorio Veneto*. A seguito dello sbarco alleato in Nord Africa (Operazione Torch), l'11 novembre fu ordinato alla divisione il trasferimento da Taranto a Napoli, conclusosi il 13 novembre senza danni, nonostante l'intercettazione da parte dei sommergibili britannici *HMS Umbra* e *HMS Turbulent*, i cui siluri mancarono il bersaglio.

Il 4 dicembre 1942, durante un violento bombardamento del porto di Napoli da parte delle forze alleate, la RN *Roma* e le altre corazzate della IX Divisione riuscirono a uscire illese, contrariamente alla VII Divisione che subì perdite gravi: l'incrociatore *Attendolo* fu affondato e le altre unità danneggiate. In conseguenza di tale attacco, Supermarina ordinò lo spostamento della IX Divisione a La Spezia, trasferimento eseguito tra il 6 e il 7 dicembre senza incidenti.

▲ Le torri prodiere con i sei cannoni da 381 mm rappresentavano i calibri più moderni in uso alla Marina Italiana del periodo bellico.

R.N. CORAZZATA ROMA - CLASSE LITTORIO 1938-1943

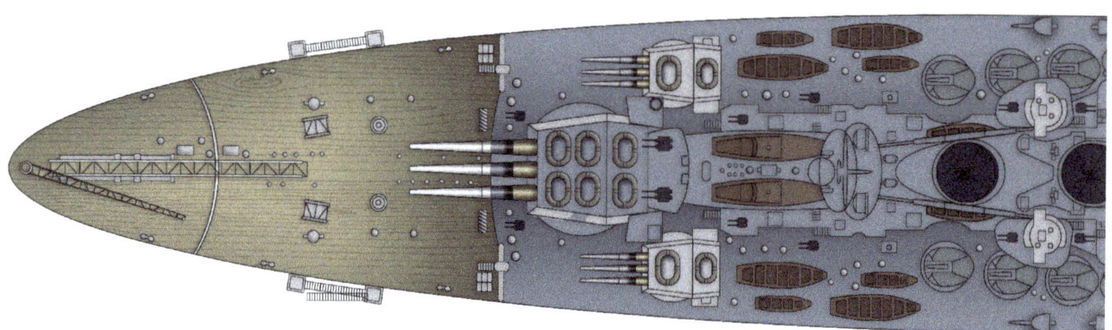

▲ Grandi profili d'insieme della corazzata *Roma*, databile attorno al 1942, in cui comparve la nuova livrea con i nuovi colori mimetici.

R.N. CORAZZATA ROMA - CLASSE LITTORIO 1938-1943

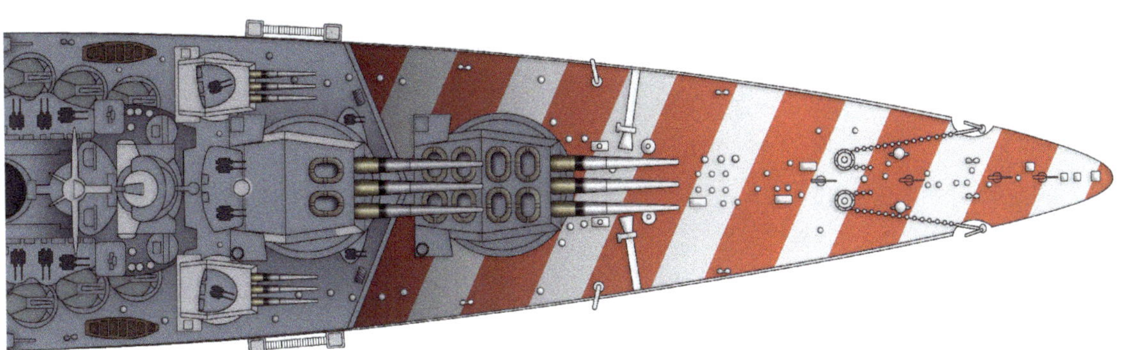

▲ Nella versione originale, e lo si vede nella foto di pag, 13, all'altezza della prua era anche dipinta una finta ancora.

Nel primo semestre del 1943, l'attività operativa delle tre corazzate fu ridotta al minimo, anche a causa della penuria di carburante e della crescente minaccia aerea. Tra il 12 e il 20 febbraio, la RN *Roma* fu sottoposta a pulizia della carena presso l'arsenale di Genova. Fu proprio a La Spezia, divenuta nel frattempo base operativa, che la RN *Roma* affrontò i primi gravi attacchi aerei angloamericani: il 14 aprile 1943, 208 bombardieri quadrimotori britannici colpirono il *Littorio*, danneggiandone gravemente la torre numero due. Il danno fu però riparato entro maggio.

Il 19 aprile seguì un secondo massiccio bombardamento da parte di 173 velivoli, che affondarono il cacciatorpediniere *Alpino*, lasciando però le tre corazzate relativamente indenni. Ma il 5 giugno, nel pieno di un raid diurno condotto da 118 B-17 dell'USAAF, la *RN Roma* fu colpita indirettamente: due bombe da 2.000 libbre esplosero in acqua a ridosso della prua, provocando due gravi falle di 6×5 e 8×5 metri sui lati di dritta e di sinistra. La nave imbarcò 2.350 tonnellate d'acqua, sbandò leggermente a sinistra e la prua si appoggiò sul fondale basso del porto. Anche la *RN Vittorio Veneto* subì danni, tanto che per alcune settimane il *Littorio* restò l'unica corazzata operativa.

Mentre il *Vittorio Veneto* fu riparato in tempo utile per tornare in servizio in poco più di un mese, la RN *Roma* fu oggetto di ulteriori attacchi: nella notte del 24 giugno fu colpita da altre due bombe, che però non causarono falle nello scafo. La gravità delle lesioni precedenti rese però necessario l'ingresso in bacino di carenaggio e il trasferimento a Genova, effettuato il 1° luglio. Solo il 13 agosto la RN *Roma* poté dirsi nuovamente pronta al combattimento, rientrando in squadra.

Pochi giorni dopo, l'8 settembre 1943, nel turbolento scenario che vide l'annuncio dell'armistizio con gli Alleati, l'ammiraglio Carlo Bergamini – comandante in capo delle Forze Navali da Battaglia – assunse il comando direttamente dalla RN *Roma*, divenuta la sua nave ammiraglia. Sarebbe stato l'atto finale della sua storia operativa.

▲ Due immagini della R.N. *Roma* nel porto di La Spezia. Quella sopra, particolarmente drammatica, mostra l'attacco aereo diurno, portato da decine di B-17 dell'USAF, che provocarono seri danni alla corazzata e resero necessari dei restauri presso il bacino di carenaggio.

LA FINE DI UNA GRANDE NAVE

L'AFFONDAMENTO DELLA CORAZZATA ROMA

Una tragedia nella storia navale italiana

L'8 settembre 1943 segnò una svolta drammatica per la Regia Marina italiana. La corazzata *Roma*, ammiraglia della flotta da battaglia al comando dell'ammiraglio Carlo Bergamini, si trovava ancorata a La Spezia, pronta a salpare per contrastare lo sbarco alleato a Salerno previsto per il giorno successivo. Tuttavia, verso le 17:00, Bergamini apprese dalle trasmissioni radiofoniche civili la notizia sconvolgente dell'armistizio tra l'Italia e gli Alleati, ufficializzato alle 19:40 dal proclama del maresciallo Pietro Badoglio. Le clausole armistiziali imponevano la immediata consegna della flotta italiana agli Alleati, con l'ordine di trasferirsi prontamente verso porti designati, tra cui Bona in Algeria e Malta.
Le navi avrebbero dovuto innalzare pannelli neri sui pennoni e disegnare cerchi neri sulle tolde come segno di resa. Bergamini, furioso per non essere stato informato preventivamente, minacciò di autoaffondare la flotta o di dimettersi. Alla fine, accettò a malincuore gli ordini di Supermarina: la squadra navale avrebbe dovuto raggiungere inizialmente La Maddalena, in Sardegna, dove si prevedeva di trasferire il re Vittorio Emanuele III e il governo. Nonostante l'ammiraglio britannico Andrew Cunningham avesse suggerito di salpare al tramonto per evitare attacchi aerei, Bergamini, sottovalutando la minaccia della Luftwaffe, fece partire la flotta solo alle 03:00 del 9 settembre.

Con la RN *Roma* in testa, salparono anche le corazzate *Vittorio Veneto* e *Italia (ex Littorio)*, oltre a incrociatori, cacciatorpediniere e torpediniere. La formazione si ricongiunse al largo di Genova con un secondo gruppo navale, composto dagli incrociatori *Garibaldi, Duca d'Aosta e Duca degli Abruzzi.* Durante la navigazione, Supermarina ordinò di reagire a eventuali attacchi tedeschi, ma la mancanza di copertura aerea si rivelò un grave handicap. Quattro caccia Macchi M.C.202 decollarono da Olbia per scortare la flotta, ma non riuscirono a localizzarla. Intorno a mezzogiorno, Bergamini ricevette la notizia che La Maddalena era stata occupata dai tedeschi. Supermarina gli ordinò quindi di invertire la rotta e dirigersi

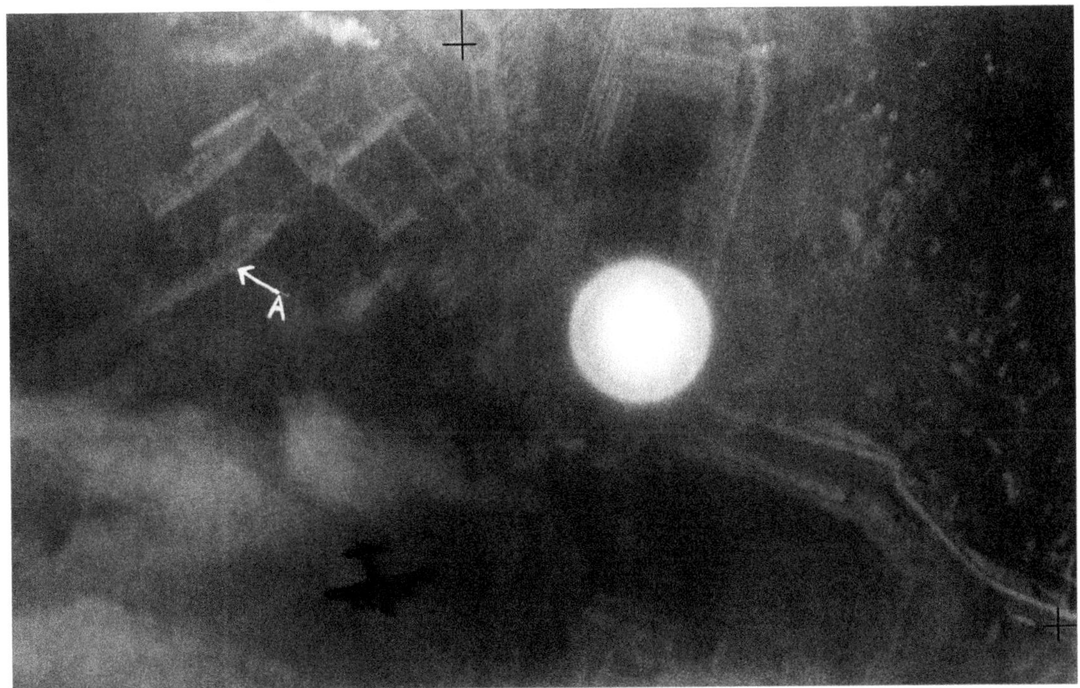

▲ Prima dell'8 settembre 1943, la vicenda operativa della RN *Roma* fu contrassegnata soprattutto dall'attacco alla fonda del porto di La Spezia, come ricordato da questa storica foto, ripresa da un aereo britannico Avro Lancaster. Indicata con una lettera A, la silhouette della RN *Roma* all'ancora nella sua banchina.

verso Bona. Durante la manovra, la formazione si dispose in una nuova linea di fila, con i cacciatorpediniere in testa e la RN *Roma* in coda.

L'attacco della Luftwaffe: il destino della Corazzata Roma

Alle 15:10 del 9 settembre 1943, mentre la squadra navale italiana navigava al largo dell'isola dell'Asinara, ventotto bombardieri Dornier Do 217K del Kampfgeschwader 100 della Luftwaffe apparvero nel cielo a quota elevata. Decollati dall'aeroporto di Istres, vicino a Marsiglia, gli aerei giunsero in tre ondate successive, la prima delle quali aveva preso il volo poco dopo le 14:00 con un obiettivo preciso: colpire le corazzate italiane. Mantenendosi in volo livellato, i bombardieri sganciarono degli ordigni affusolati, la cui scia luminosa, vista dall'enorme altitudine, fu inizialmente scambiata dagli equipaggi italiani per un segnale di riconoscimento. In realtà, si trattava delle micidiali bombe teleguidate Ruhrstahl SD 1400, denominate dagli Alleati "Fritz X".

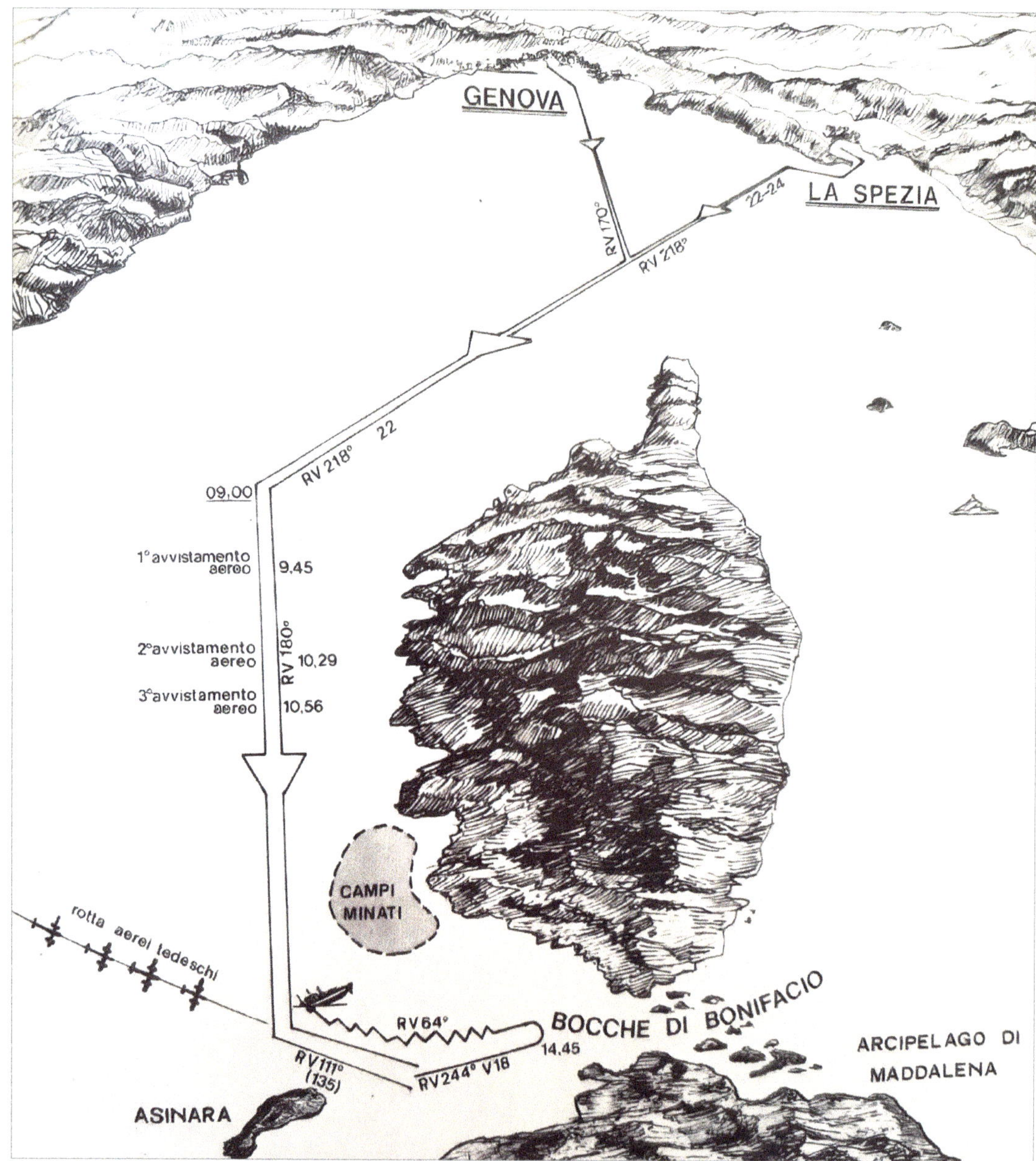

▲ Carta del tempo che ricostruisce l'ultima navigazione della RN *Roma* insieme a gran parte della flotta italiana destinata a portarsi a Malta per la resa finale, incontrando invece un fatale destino nei pressi dell'Asinara.

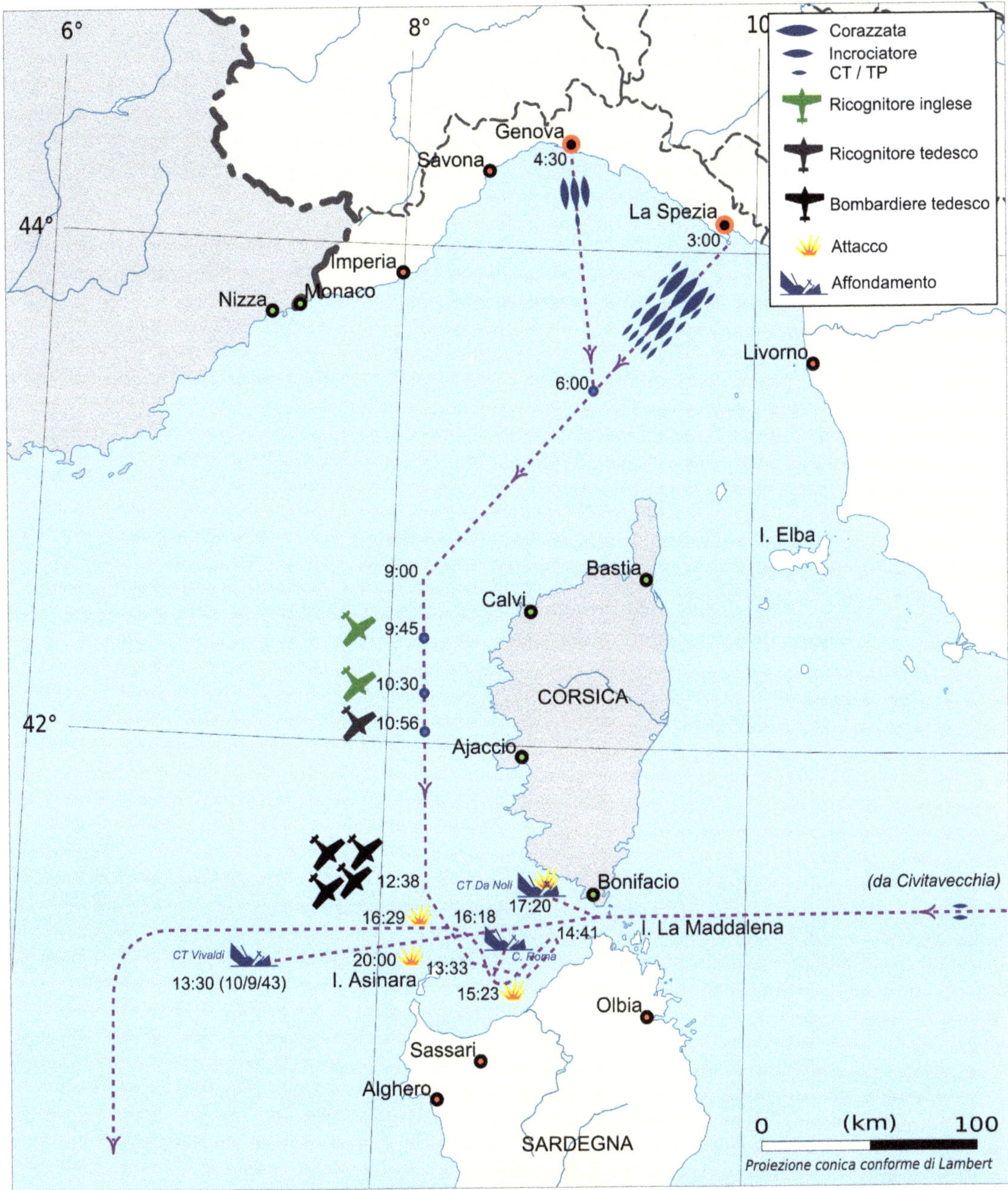

▲ Ricostruzione più moderna della drammatica navigazione della flotta italiana in quel fatale settembre del 1943, con lo scontro fra Corsica e Sardegna contro una formazione di bombardieri tedeschi.

La tecnologia letale delle bombe Fritz X

Queste bombe, progettate per penetrare le corazzature più resistenti, venivano lanciate da un'altitudine minima di 5.000 metri, acquisendo una velocità devastante durante la caduta. Ciò che le rendeva particolarmente pericolose era il loro sistema di guida radio, che permetteva agli operatori a bordo degli aerei di correggerne la traiettoria in volo. L'unico modo per contrastarle sarebbe stato disturbare le frequenze radio, ma la Regia Marina del tempo non disponeva di tali contromisure. Inoltre, la quota operativa dei Dornier (circa 6.500 metri) rendeva inefficace la contraerea italiana. I cannoni da 90/50 mm, pur essendo tra i migliori disponibili, non potevano elevarsi oltre i 75°, lasciando gli aerei tedeschi al di fuori della loro portata. Il maggiore Bernhard Joppe, comandante della formazione, dichiarò a tal proposito in un'intervista negli anni '70: "Non conoscevo i calibri della contraerea italiana, ma sapevo che potevano sparare fino a circa 4.000 metri. E noi volavamo ad almeno 5.000 metri, l'altitudine ottimale per dirigere le bombe. Vedemmo molti proiettili esplodere sotto di noi, ma sempre a distanza di sicurezza, senza riportare alcun danno."

L'INIZIO DELL'ATTACCO

A causa delle rigide disposizioni di neutralità, le navi italiane aprirono il fuoco solo quando fu chiaro che gli aerei stavano sganciando delle bombe. Tuttavia, la contraerea, costretta a sparare alla massima elevazione, riuscì solo a creare un fuoco di sbarramento rivelatosi inefficace.

Questa la sequenza degli avvenimenti:
- 15:30 – La prima Fritz X tedesca fu diretta verso l'incrociatore *Eugenio di Savoia*, ma cadde a 50 metri di distanza senza causare danni.
- Pochi minuti dopo, una seconda bomba esplose vicinissima alla poppa della corazzata *Italia*, danneggiandone la centrale elettrica e bloccandone il timone principale. L'equipaggio riuscì a mantenere il controllo della nave utilizzando i timoni ausiliari.

Il colpo fatale alla Corazzata Roma

Poi toccò alla RN *Roma*, nave ammiraglia della flotta:
- 15:42 – L'Oberleutnant Heinrich Schmetz centrò la corazzata tra la quinta e la sesta torre antiaerea di dritta. L'ordigno perforò lo scafo ed esplose sott'acqua, provocando una falla ma senza effetti immediatamente catastrofici.
- 15:50 – Un secondo colpo, ben più devastante, colpì la RN *Roma* a prua, sul lato sinistro, tra il torrione di comando e le torri principali da 381 mm e 152 mm, provocando l'inizio della fine della Nave Ammiraglia della flotta italiana.

▲ Cerimonia dell'alzabandiera sul ponte di poppa con la nave ormeggiata a Trieste.

▲ Storica immagine del momento in cui la RN *Roma* riceve il colpo decisivo che porterà al successivo affondamento.

L'esplosione scatenò una reazione a catena:
- Le caldaie si allagarono, bloccando la nave.
- I depositi munizioni deflagrarono, facendo saltare in aria la torre numero 2 (1.500 tonnellate di acciaio scagliate in mare).
- La torre di comando fu investita da una vampata di calore così intensa da deformarsi e disintegrarsi, uccidendo all'istante l'ammiraglio Carlo Bergamini, il comandante Adone Del Cima e gran parte dello stato maggiore.
- Una colonna di fuoco si innalzò per 400-1.500 metri, formando un fungo simile a quello delle esplosioni nucleari.

La RN Roma, spezzata in due, si capovolse e affondò in pochi minuti (precisamente alle 16:11), trascinando con sé 1.352 uomini. Chi si trovava a poppa non ebbe scampo: cinquanta marinai, già in procinto di gettarsi in mare, furono polverizzati dall'esplosione. I superstiti, molti dei quali gravemente ustionati, furono recuperati dai cacciatorpediniere di scorta.

L'ultimo attacco all'Italia

Alle 16:29, la corazzata *Italia* fu nuovamente colpita, questa volta da una bomba PC 1400X, che le aprì uno squarcio di 7,5 x 6 metri sotto la linea di galleggiamento. Nonostante l'imbarcamento di 1.066 tonnellate d'acqua, la nave riuscì a rimanere a galla e proseguire la navigazione.
Negli stessi istanti un ricognitore britannico Martin B-26, pilotato dal tenente colonnello Herbert Law-Wright, scattò una drammatica foto della RN *Roma* spezzata in due, mentre tutte le navi italiane continuavano a sparare contro gli aerei tedeschi.

Conclusione

L'attacco della Luftwaffe dimostrò la letale efficacia delle bombe guidate e l'impotenza delle navi senza copertura aerea. La perdita della RN *Roma* segnò uno dei momenti più tragici della Marina italiana nella

▲ La micidiale bomba tedesca Ruhrstahl SD 1400 Fritz X, qui fotografata presso il museo della Royal Air Force di Londra (UK). Courtesy by Kogo Wiki cc1.

Seconda Guerra Mondiale, un evento che ancora oggi viene ricordato come un simbolo di coraggio e sacrificio, ma anche con molto dolore.

I soccorsi e l'internamento nelle Baleari

I cacciatorpediniere *Mitragliere, Carabiniere* e altre unità si fermarono per recuperare i naufraghi, salvando 622 uomini. Senza contatti con il resto della flotta, il comandante di queste unità, Giuseppe Marini decise di dirigere verso Mahón, nelle Baleari spagnole, sperando in un aiuto neutrale. Tuttavia, le autorità spagnole internarono navi ed equipaggi. I superstiti della RN *Roma* e delle altre unità trascorsero quindi mesi in prigionia, mentre i feriti furono ricoverati in ospedali locali.

Il ritrovamento del relitto

Per decenni, la posizione esatta del relitto della RN *Roma* rimase un mistero. Solo nel 2012 l'ingegnere Guido Gay, utilizzando un ROV, individuò i resti della corazzata a oltre 1.000 metri (più tradi precisati in 400 metri) di profondità nel canyon di Castelsardo. Il relitto, spezzato in più tronconi, conserva ancora i cannoni e le strutture riconoscibili, confermando la tragica fine della nave. L'affondamento della RN *Roma* rappresenta ancora oggi uno degli episodi più drammatici della storia navale italiana, simbolo del caos seguito all'armistizio dell'8 settembre 1943. Oggi il relitto è un sacrario subacqueo, testimonianza silenziosa del sacrificio di quegli uomini e della fine di un'epoca.

▲ L'eroico ammiraglio Carlo Bergamini, comandante della flotta a bordo della corazzata *Roma*, fu tra i primi a perire; qui è ripreso in una foto d'epoca mentre decora un ufficiale di Marina. Oggi, in suo onore, la Marina militare italiana, gli ha dedicato una nave, la moderna fregata lanciamissili che porta il suo nome.

▲ Altra immagine della bella nave, orgoglio della flotta italiana.

▲ Momento di tranquillità durante la navigazione (in questo caso a bordo della corazzata *Giulio Cesare*) che mostra una scena simile a quella che doveva essere a bordo in quel fatale giorno prima dell'arrivo degli aerei tedeschi.

GLI AEREI DELLA NAVE ROMA

L'AVIAZIONE DELLA MARINA MILITARE ITALIANA

Allo scoppio della seconda guerra mondiale, il Ro.43 era l'unico idrovolante imbarcato sulla Regia Marina, con 42 esemplari operativi. Inadeguato come caccia (armato solo con due mitragliatrici), venne migliorato in una seconda versione, arrivando a 194 unità, ma rimanendo relegato a ricognizione e osservazione. Le complesse operazioni di recupero, eseguite a nave ferma, spinsero a preferire il rientro in idroscalo, limitando ogni velivolo a una missione per navigazione.

La copertura aerea italiana si rivelò insufficiente rispetto alla Royal Navy, come dimostrato nella notte di Taranto (1940) e nella battaglia di Capo Matapan (1941), dove la mancanza di portaerei portò a gravi perdite. Per ovviare al problema, si avviò la conversione dei transatlantici *Roma* e *Augustus* nelle portaerei *Aquila* e *Sparviero*, mai completate a causa degli eventi bellici.

Nel frattempo, fu introdotto il caccia Reggiane Re.2000 "Catapultabile", impiegato sulle corazzate. Dopo l'armistizio dell'8 settembre 1943, erano operativi 19 Ro.43 e 6 Re.2000. Le portaerei, quasi ultimate, non entrarono in servizio: l'*Aquila* fu autoaffondata per evitarne la cattura.

▲ Il lancio con catapulta di un IMAM Ro. 43 dalla poppa di una corazzata italiana. Nella foto piccola: un modello di IMAM Ro. 43 sul ponte di una nave. Modello realizzata da Ezio Bottasini (courtesy).

IMAM (ROMEO) Ro. 43

IMAM Ro.43: L'IDRORICOGNITORE IMBARCATO DELLA REGIA MARINA

Origine e sviluppo

Negli anni Trenta, la Regia Marina avviò un programma per dotare le sue navi maggiori di idrovolanti da ricognizione. Dopo aver sperimentato modelli civili come il Macchi M.18 e militari come il Piaggio P.6 e il CANT 25, nel 1933 fu emessa una specifica per un nuovo velivolo con prestazioni superiori: velocità di 240 km/h e autonomia di 600 km o 5 ore e 30 minuti.

Alla competizione parteciparono diverse aziende, tra cui Piaggio, CMASA, CANT e IMAM (Industrie Meccaniche Aeronautiche Meridionali). Quest'ultima presentò il Ro.43, progettato dall'ingegner Giovanni Galasso come versione idro del biplano terrestre Ro.37 bis. Il prototipo, più leggero e performante dei concorrenti, volò per la prima volta il 19 novembre 1934 e superò le aspettative, vincendo il concorso.

La produzione iniziò nel 1935 e si protrasse fino al 1941, con oltre 200 esemplari costruiti, diventando il ricognitore standard delle principali unità navali italiane.

Caratteristiche tecniche e armamento

Il Ro.43 era un biplano a galleggiante centrale, con struttura leggera ma vulnerabile alle sollecitazioni. L'armamento consisteva in:

- 1 mitragliatrice Breda-SAFAT da 7,7 mm fissa in caccia (500 colpi).
- 1 mitragliatrice brandeggiabile posteriore, inizialmente una Lewis, poi sostituita da un'altra Breda-SAFAT (500 colpi). Opzionalmente, poteva essere installata una seconda mitragliatrice anteriore.

Impiego operativo e limiti

I Ro.43 furono imbarcati su incrociatori e corazzate, tra cui le classi *Littorio*, *Zara* e *Duca degli Abruzzi*, oltre che sulla nave appoggio *Giuseppe Miraglia*. Tuttavia, emersero rapidamente problemi strutturali:

- Le operazioni di recupero con gru danneggiavano spesso il velivolo;

▲ Un IMAM Ro.43 imbarcato su una corazzata classe *Littorio* – Foto Ufficio Storico Marina Militare courtesy. Colorazione dell'autore. Foto piccola: un IMAM Ro.43 conservato in un museo italiano. Wiki cc1.

REGGIANE Re. 2000

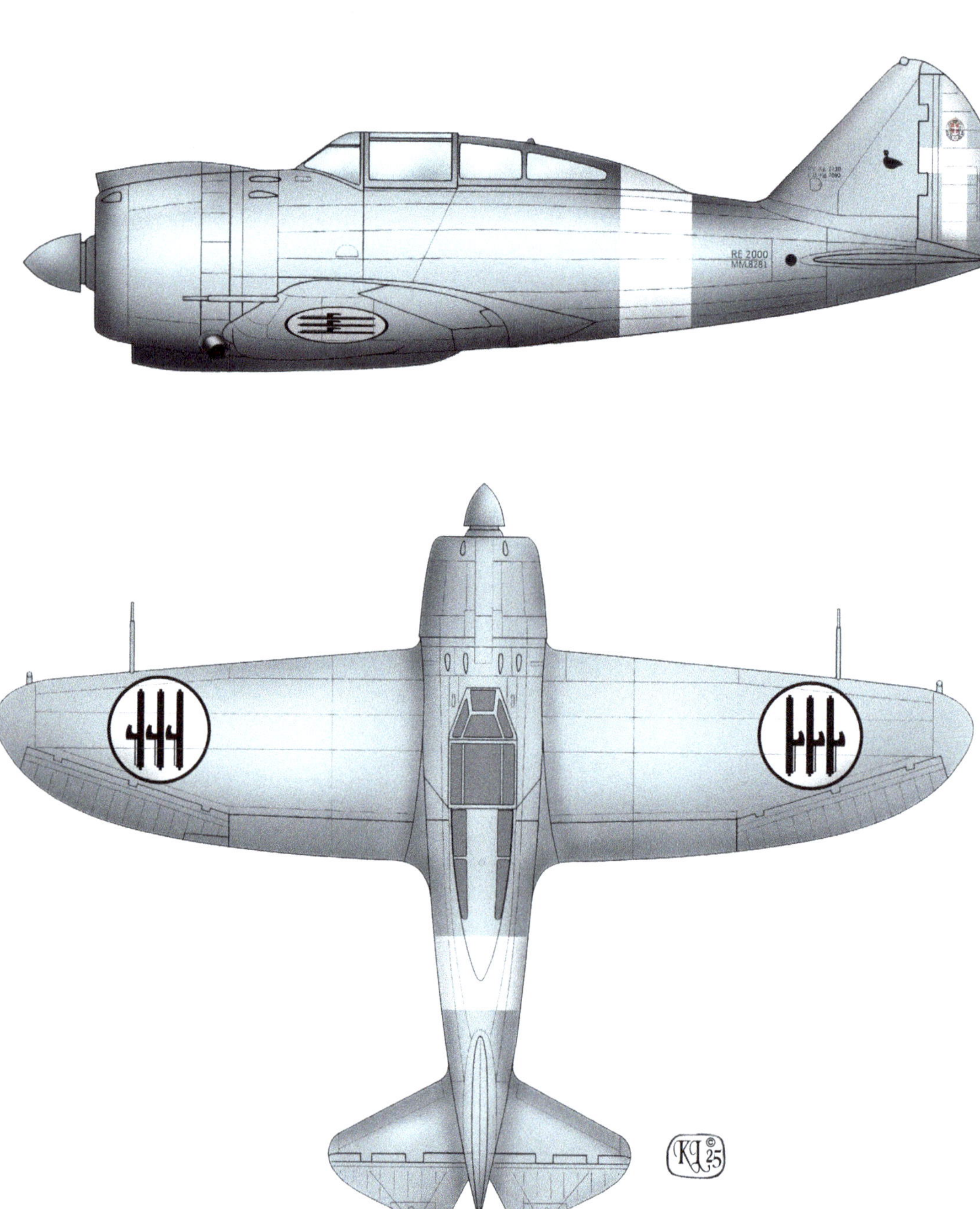

- Le prestazioni in combattimento erano inferiori a quelle dei caccia avversari, data la modesta potenza di fuoco;
- In condizioni di mare mosso, il rientro a bordo era quasi impossibile, costringendo spesso gli equipaggi a raggiungere il più vicino idroscalo.

Nonostante questi limiti, la mancanza di alternative valide ne prolungò l'uso. Durante la Seconda Guerra Mondiale, il Ro.43 fu impiegato anche come caccia improvvisato, ma purtroppo con scarsi risultati. Dopo la disastrosa battaglia di Capo Matapan (1941), si tentò di sostituirlo con il Reggiane Re.2000 Catapultabile, ma i pochi esemplari disponibili non permisero un rapido ricambio totale.

All'8 settembre 1943, data dell'armistizio, risultavano ancora in servizio 19 Ro.43 imbarcati e 20 assegnati alle Squadriglie Forze Navali. La loro carriera si concluse con l'esaurimento delle cellule, soppiantate da velivoli più moderni o dall'abbandono delle operazioni con idrovolanti catapultabili. I mezzi acquisiti dalla Spagna rimasero in attività fono al 1951.

Conclusioni

Il Ro.43 fu un velivolo importante per la Regia Marina, ma le sue carenze strutturali e l'obsolescenza ne limitarono l'efficacia. Pur essendo stato un passo avanti rispetto ai predecessori, la sua storia riflette le difficoltà dell'aeronautica navale italiana nel trovare una soluzione efficace per la ricognizione imbarcata durante il conflitto.

REGGIANE Re.2000: IL CACCIA "CATAPULTABILE" DELLA REGIA MARINA

Un progetto nato per la Marina

Nel 1941, nonostante il Reggiane Re.2000 fosse stato escluso dalla competizione per il nuovo caccia della Regia Aeronautica, la Regia Marina si interessò al velivolo per la sua elevata autonomia, superiore a quella degli altri caccia italiani. L'idea era di impiegarlo come ricognitore marittimo e caccia imbarcato, lanciandolo dalle catapulte delle navi da battaglia.

Sviluppo e prove

Tra la fine del 1941 e l'inizio del 1942, due prototipi del Reggiane Re. 2000 (MM.471 e MM.485) furono modificati per essere lanciati da catapulta. Tuttavia, entrambi andarono distrutti durante i test: uno in un incidente a Taranto, l'altro durante le operazioni di imbarco. Per continuare le sperimentazioni, fu per-

▲ Un Reggiane Re. 2000 imbarcato su un'unità della Marina Militare Italiana, ospitato sul complicato marchingegno della catapulta, pronto per essere lanciato. – Foto Ufficio Storico Marina Militare courtesy. Colorazione dell'autore.

tanto requisito un esemplare già destinato alla Svezia (MM.8281). Le prove proseguirono a bordo della nave appoggio idrovolanti *Giuseppe Miraglia*, dove il 9 maggio 1942 il pilota collaudatore tenente Giulio Reiner effettuò il primo decollo riuscito. Nonostante i successi iniziali, i problemi tecnici e la riluttanza della Marina a rischiare le navi per ulteriori test rallentarono il programma dei test.

Impiego operativo

Alla fine, alcuni Re.2000 "Catapultabili" furono finalmente assegnati alle corazzate *Vittorio Veneto, Littorio* (poi ribattezzata *Italia*) e *Roma*, oltre a una Squadriglia di Riserva Aerea delle Forze Navali. Tuttavia, il loro utilizzo fu assai limitato:

- Unica missione operativa: Il 23 agosto 1943, un Re.2000 decollò dalla *RN Vittorio Veneto* per una ricognizione armata, atterrando poi senza problemi a Sarzana.

Dopo l'armistizio (8 settembre 1943):

- La RN *Roma* affondò con il suo Re.2000 ancora a bordo.
- L'*Italia* (ex *Littorio*) gettò in mare il suo aereo dopo essere stata colpita.
- Solo la *RN Vittorio Veneto* riuscì a far decollare un Re.2000 contro aerei tedeschi, ma il pilota fu costretto ad atterrare in Corsica, distruggendo il velivolo.
- L'ultimo Re.2000 superstite (MM.8287) raggiunse Malta con la flotta e fu poi rimandato in Italia.

Difficoltà e limiti del mezzo

- Problemi tecnici: Il sistema di raffreddamento del motore Piaggio P.XI era inaffidabile, limitando di molto l'operatività.

▲ Bellissima ripresa aerea dell'idroricognotore IMAM Ro 43 con due uomini di equipaggio. Foto Archivio di Stato PD. Nella foto piccola: lo stesso mezzo montato sulla capapulta di lancio di una nave.

- Scarsa manovrabilità: I piloti, abituati ai biplani Fiat C.R.42, lo trovavano decisamente meno agile.
- Scarsi risultati in combattimento: Nonostante alcune missioni, l'unica vittoria confermata fu contro un Bristol Blenheim abbattuto il 24 giugno 1942.

Diverse furono le versioni principali del mezzo, ma a noi interessa quella imbarcata sulle navi della marina, cioè i mezzi della serie III ("Catapultabile") – Adattata per il lancio da navi, con modifiche strutturali e tettuccio posteriore chiuso.

Fine del servizio

Dopo l'armistizio, solo 2-3 Re.2000 rimasero operativi, utilizzati dall'Aeronautica Cobelligerante senza impieghi significativi. Gli ultimi esemplari rimasti nel nord Italia furono smantellati o requisiti dalla Luftwaffe. In conclusione, il Re.2000 Catapultabile fu un tentativo innovativo, ma ostacolato da molti problemi tecnici e organizzativi. Nonostante le potenzialità, il suo impiego fu marginale, dimostrando le difficoltà della Regia Marina nell'integrare velivoli moderni nelle operazioni navali.

▲ Un Reggiane Re.2000 Catapultabile appena partito dalla catapulta della nave da battaglia *Vittorio Veneto*. L'aereo è contraddistinto da un "6" rosso, e mostra la mancanza del tettuccio scorrevole. Wiki CC1 PD.

SCHEDA TECNICA degli aerei imbarcati sulla R.N.ROMA		
Tipo	**IMAM Ro.43**	**Reggiane Re. 2000**
Cantieri	Ind.Mec. Aer. Meridionali (IMAM)	Industrie Reggiane
Impostazione -Varo- Fine	1934-1935-1951	1939 - 1945
Peso (in kg.)	1760-2400	2080-2839
Misure (in metri)	9,7 Lun.- 11,50 Ala - 3,5 Alt.	7,99 Lun. - 11 Ala - 3,2 Alt.
Motore	Radiale Piaggio P.X R	Radiale Piaggio P.XI RC.40
Velocità massima	315 km/h	530 km/h
Autonomia	800/1500 km	740 km
Equipaggio	1/2	1
Armamento	2 Breda-SAFAT calibro 7,7 mm	2 Breda-SAFAT da 12,7 mm
Utilizzatori	Italia - Spagna	Italia - Ungheria - Svezia
Produzione totale	217	158

▲ Varo della *RN Vittorio Veneto*, Trieste, 25 luglio 1937.

▼ La *RN Littorio*, in primo piano, e il *Vittorio Veneto* durante un'esercitazione nelle acque di Taranto, nell'estate del 1940.

LE ALTRE NAVI DELLA CLASSE LITTORIO

LA CORAZZATA VITTORIO VENETO: UN GIGANTE DELLA REGIA MARINA

La *RN Vittorio Veneto* fu una delle più potenti navi da battaglia della Regia Marina italiana durante la Seconda Guerra Mondiale, appartenente alla classe *Littorio* (talvolta chiamata anche classe *Vittorio Veneto*). Considerata il fiore all'occhiello della cantieristica navale bellica italiana, rappresentò un salto tecnologico rispetto alle precedenti unità, grazie alle sue caratteristiche avanzate e alla potenza di fuoco.

Progettazione e costruzione

La progettazione della *RN Vittorio Veneto* fu affidata al Generale Umberto Pugliese e all'Ingegnere Francesco Mazzullo, che svilupparono una nave da battaglia in grado di superare le limitazioni imposte dal Trattato Navale di Washington (1922), il quale fissava a 35.000 tonnellate il dislocamento massimo per le corazzate. La *RN Vittorio Veneto*, invece, raggiunse un dislocamento superiore, dimostrando l'ambizione italiana di competere con le marine più potenti dell'epoca.
I lavori di costruzione iniziarono il 28 ottobre 1934 presso i Cantieri Riuniti dell'Adriatico (CRDA) di Trieste, lo stesso cantiere che in seguito avrebbe varato la sua nave gemella, la RN *Roma*. Dopo il varo il 25 luglio 1937, la nave fu completata il 28 aprile 1940, equipaggiata con idrovolanti da ricognizione IMAM Ro.43. Entrò ufficialmente in servizio il 2 agosto 1940, poco dopo l'ingresso dell'Italia nel conflitto mondiale, e fu assegnata alla IX Divisione Corazzate della I Squadra Navale, con base a Taranto.

Le operazioni belliche nel Mediterraneo

Durante la guerra, la *RN Vittorio Veneto* partecipò a 56 missioni, di cui 11 dedicate alla caccia di navi nemiche. La sua prima azione significativa avvenne il 31 agosto 1940, quando, insieme alla *RN Littorio* e ad altre unità della flotta, tentò di intercettare la Flotta britannica impegnata nell'Operazione Hats. Tuttavia, a causa delle avverse condizioni meteorologiche e della mancata individuazione del nemico, la missione si concluse senza scontri. Nella notte tra l'11 e il 12 novembre 1940, durante il raid britannico su Taranto (noto come "Notte di Taranto"), la *RN Vittorio Veneto* fu attaccata da aerosiluranti, ma un siluro esplose prematuramente senza colpirla. Il 29 settembre, invece, prese parte all'Operazione MB 5, un'azione di contrasto ai convogli alleati. La prima vera prova del fuoco avvenne durante la Battaglia di Capo Teulada (27 novembre 1940), dove la corazzata, al comando del Capitano di Vascello Giuseppe Sparzani e con l'Ammiraglio Inigo Campioni a bordo come comandante della 1ª Squadra Navale, ingaggiò un intenso scontro con gli incrociatori britannici. La *RN Vittorio Veneto* sparò 19 colpi da 381 mm dalla torre poppiera, costringendo la formazione nemica a ritirarsi.

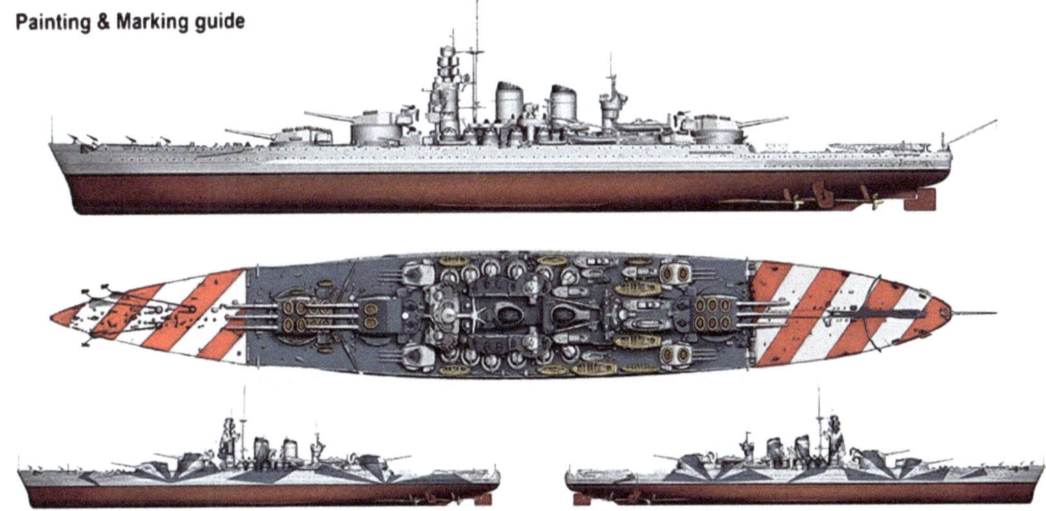

▲ Profili della *RN Vittorio Veneto* tratti dal kit di modellismo della Trumpeter (China models) courtesy.

I danneggiamenti e le riparazioni

L'8 gennaio 1941, mentre si trovava a Napoli, la nave subì un attacco aereo britannico senza riportare danni, ma per precauzione fu trasferita a La Spezia. Pochi giorni dopo, il 26 marzo 1941, salpò come nave ammiraglia dell'Ammiraglio Angelo Iachino per quella che sarebbe diventata la Battaglia di Capo Matapan. Durante lo scontro di Gaudo (28 marzo), la *RN Vittorio Veneto* tentò di accerchiare gli incrociatori britannici, ma i suoi colpi non centrarono i bersagli. Poco dopo, alle 15:20, fu colpita da un aerosilurante vicino all'elica sinistra, imbarcando 4.000 tonnellate d'acqua e perdendo temporaneamente potenza. Nonostante i danni, riuscì a riprendere la navigazione a 16-19 nodi, ma il tentativo di soccorrere l'incrociatore *Pola* (immobilizzato da un altro siluro) portò al disastro di Capo Matapan, con la perdita di due incrociatori e due cacciatorpediniere italiani.

Dopo quattro mesi di riparazioni, la nave tornò in servizio a luglio 1941, partecipando ad altre missioni, tra cui il tentativo di intercettare il convoglio britannico "Halberd" (27 settembre 1941).

Il 14 dicembre 1941, durante un trasferimento da Napoli a Taranto, fu silurata dal sommergibile britannico HMS *Urge*, riportando gravi danni ma riuscendo a raggiungere il porto grazie ai cilindri assorbitori Pugliese, che limitarono gli effetti dell'esplosione. Le riparazioni si protrassero fino alla primavera del 1942.

L'ultima azione e il declino operativo

Nel 1942, la *RN Vittorio Veneto* fu la prima corazzata italiana a essere equipaggiata con un radar "Gufo" E.C. 4, migliorando assai le capacità di rilevamento notturno.

La sua ultima azione significativa fu durante la Battaglia di Mezzo Giugno (14-16 giugno 1942), quando, insieme alla *RN Littorio*, tentò di intercettare il convoglio britannico "Vigorous". Sebbene non vi furono scontri diretti, la minaccia rappresentata dalle due corazzate italiane costrinse gli inglesi a ritirarsi.

Dopo questa missione, la penuria di carburante e il rischio di attacchi aerei e subacquei limitarono drasticamente le operazioni delle grandi navi da battaglia italiane.

SCHEDA TECNICA della R.N. VITTORIO VENETO	
Tipo	**Nave da battaglia - Classe *Littorio***
Cantieri	C.R.D.A San Marco Trieste
Impostazione -Varo- In serv.	Ott. 1934 / Lug. 1937/ Ago. 1940/ Demolita nel 1948
Dislocamento	43.624 Tonn - 45.752 Tonn a pieno carico
Misure (in metri)	Lunghezza: 238. Larghezza: 33, Pescaggio: 10,5
Propulsione	8 caldaie, 4 turbine Belluzzo, 4 eliche Potenza: 130/140.000 CV
Velocità massima	30 nodi (56 KM orari)
Autonomia	3920 miglia a 20 nodi (con 4000 T di nafta)
Equipaggio	1830 (1910 come nave ammiraglia)
Sensori di bordo	Radar EC3/bis
Armamento Cannoni	-9 da 381/50 Mod. 1934 (tre torri trinate) -12 da 152/55 mm Mod. 1936 (quattro torri trinate) -12 AA da 90/50 mm Mod. 1939 (12 torri singole)
Armamento Mitragliere	-20 AA Breda da 37/54 mm Mod. 1932 (8 installazioni binate + 4 singoli) -32 AA da 20/65 mm Mod. 1935 (16 installazioni binate)
Corazzatura	350 mm (verticale) 150/207 mm (orizzontale sopra i depositi munizioni) 350 mm (max. artiglierie principali) 280mm (max.artiglierie secondarie) 260 mm (torrione di comando)
Mezzi aerei	3 tra IMAM Ro.43 e Reggiane Re.2000

L'Armistizio e la fine

Dopo l'Armistizio dell'8 settembre 1943, la RN *Vittorio Veneto* fu tra le unità che raggiunsero Malta per la resa agli Alleati. Fu durante il medesimo trasferimento che la gemella RN *Roma* fu affondata da una bomba radioguidata tedesca, il primo utilizzo di un'arma di questo tipo nella storia.
La RN *Vittorio Veneto* e la RN *Littorio* (ribattezzata *Italia*) furono quindi internate nei Laghi Amari (Egitto). Nonostante alcune proposte di impiegarle al fianco degli Alleati, le clausole del Trattato di Pace imposero la loro demolizione, avvenuta a partire dal 1948.

LA CORAZZATA LITTORIO: LA NAVE AMMIRAGLIA DELLA REGIA MARINA

La *RN Littorio*, ribattezzata *Italia* il 30 luglio 1943, fu la prima e più rappresentativa corazzata della sua classe, che includeva anche le *Vittorio Veneto* e *Roma*. Progettata per essere il fiore all'occhiello della flotta italiana durante la Seconda Guerra Mondiale, rappresentò il massimo sforzo tecnologico e industriale della Regia Marina. Nonostante le sue eccellenti caratteristiche tecniche, il suo impiego operativo fu limitato dalla prudenza dei comandi navali e, dopo il 1942, la sua attività bellica si ridusse drasticamente.

Costruzione ed entrata in servizio

La *RN Littorio* fu impostata nei Cantieri Ansaldo di Genova il 28 ottobre 1934, varata il 22 agosto 1937, ed entrò in servizio il 6 maggio 1940, poco prima dell'ingresso dell'Italia in guerra. Tuttavia, non era ancora completamente operativa allo scoppio delle ostilità.
Assegnata alla IX Divisione Corazzate della I Squadra Navale, divenne la nave ammiraglia dell'Ammiraglio Carlo Bergamini. Era equipaggiata con tre idrovolanti IMAM Ro.43 per la ricognizione e disponeva di un potente armamento: 9 cannoni da 381 mm, 12 da 152 mm, 12 da 90 mm antiaerei e un sistema di protezione subacquea progettato dal Generale Umberto Pugliese.

SCHEDA TECNICA della R.N. LITTORIO (Poi ITALIA dal 30 luglio 1943)	
Tipo	**Nave da battaglia - Classe *Littorio***
Cantieri	Ansaldo Genova
Impostazione -Varo- In serv.	Ott. 1934 / Ago. 1937/ Mag. 1940/ Demolita nel 1948
Dislocamento	43.835 Tonn - 45.963 Tonn a pieno carico
Misure (in metri)	Lunghezza: 238. Larghezza: 33, Pescaggio: 10,5
Propulsione	8 caldaie, 4 turbine Belluzzo, 4 eliche Potenza: 130/140.000 CV
Velocità massima	30 nodi (56 KM orari)
Autonomia	3920 miglia a 20 nodi (con 4000 T di nafta)
Equipaggio	120 ufficiali e 1800 sottufficiali e comuni
Sensori di bordo	Radar EC3/bis installato solo nel 1942.
Armamento Cannoni	-9 da 381/50 Mod. 1934 (tre torri trinate) -12 da 152/55 mm Mod. 1936 (quattro torri trinate) -12 AA da 90/50 mm Mod. 1939 (12 torri singole)
Armamento Mitragliere	-20 AA Breda da 37/54 mm Mod. 1932 (8 installazioni binate + 4 singoli) -28 AA da 20/65 mm Mod. 1935 (14 installazioni binate)
Corazzatura	350 mm (verticale) 150/207 mm (orizzontale sopra i depositi munizioni) 350 mm (max. artiglierie principali) 280mm (max.artiglierie secondarie) 260 mm (torrione di comando)
Mezzi aerei	3 tra IMAM Ro.43 e Reggiane Re.2000

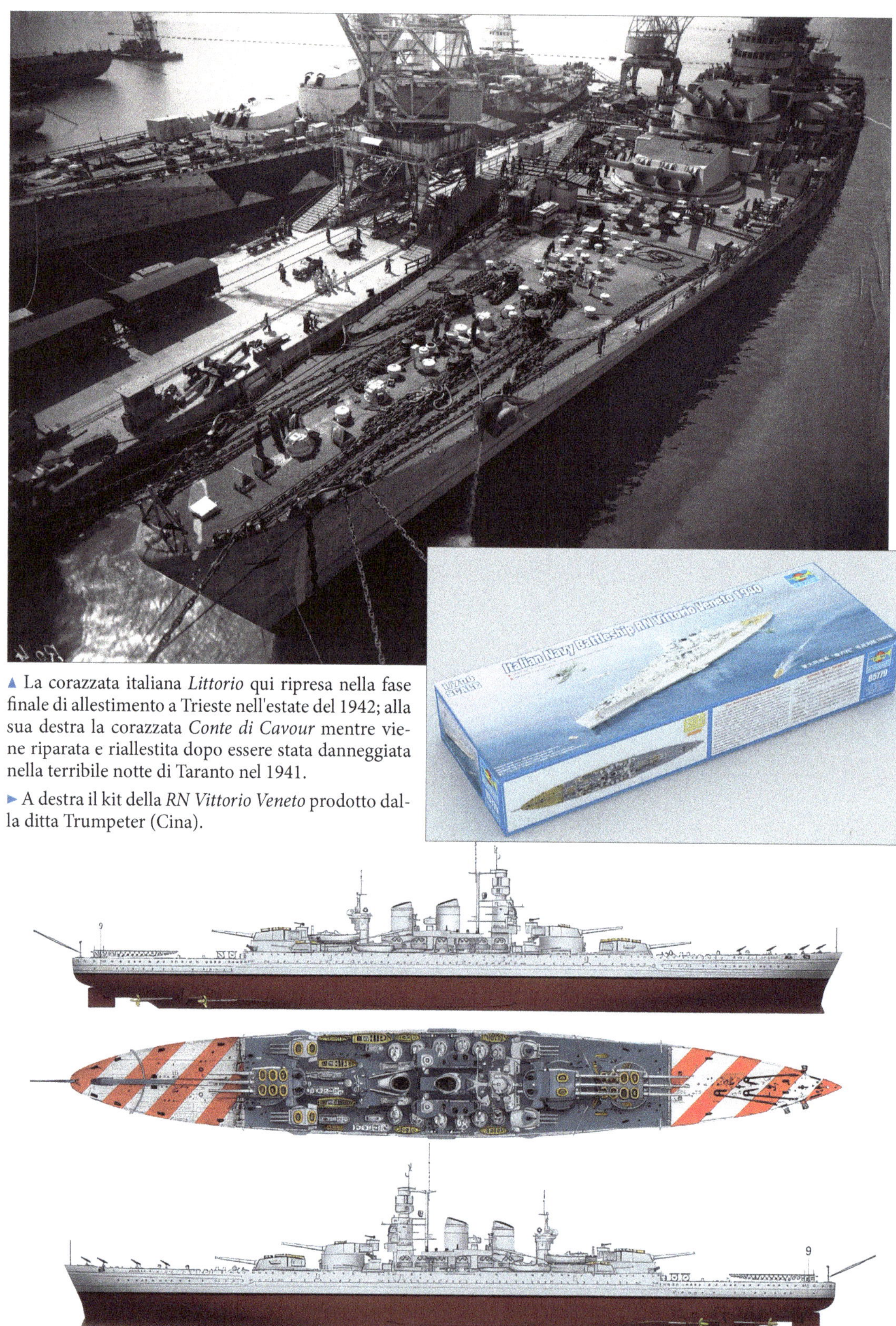

▲ La corazzata italiana *Littorio* qui ripresa nella fase finale di allestimento a Trieste nell'estate del 1942; alla sua destra la corazzata *Conte di Cavour* mentre viene riparata e riallestita dopo essere stata danneggiata nella terribile notte di Taranto nel 1941.

► A destra il kit della *RN Vittorio Veneto* prodotto dalla ditta Trumpeter (Cina).

▲ Profili della *RN Littorio* tratti dal kit di modellismo della Trumpeter (China models) courtesy.

▲ La corazzata italiana *Vittorio Veneto* fotografata in rada nel 1940 prima del suo completamento. Si noti la mancanza dei telemetri.

Le operazioni belliche

L'Attacco di Taranto (11-12 novembre 1940) - Durante il raid britannico su Taranto, la *RN Littorio* fu colpita da tre siluri lanciati da aerosiluranti Fairey Swordfish. Uno dei siluri causò un grave allagamento, ma grazie ai cilindri assorbitori Pugliese, la nave evitò danni irreparabili. Dopo sei mesi di riparazioni, tornò in servizio, sorprendendo gli inglesi che credevano di averla messa fuori combattimento definitivamente.

La Seconda Battaglia della Sirte (22 marzo 1942) - Sotto il comando dell'Ammiraglio Angelo Iachino, la *RN Littorio* ingaggiò una formazione navale britannica. I suoi cannoni da 381 mm danneggiarono gravemente il cacciatorpediniere HMS *Kingston* e l'HMS *Havock*, mentre un proiettile da 152 mm colpì l'incrociatore HMS *Cleopatra*. Tuttavia, la battaglia si concluse senza risultati decisivi a causa della mancanza di aggressività del comando italiano.

La Battaglia di Mezzo Giugno (14-16 giugno 1942) - Insieme alla *RN Vittorio Veneto*, la *RN Littorio* tentò di intercettare il convoglio britannico "Vigorous" diretto a Malta. Durante l'operazione, fu colpita a prua da un siluro lanciato da un aereo inglese e sfiorata da una bomba statunitense, ma riuscì a rientrare in porto senza gravi conseguenze.

I Bombardamenti su La Spezia (1943) - 18-19 aprile 1943: Un bombardamento aereo danneggiò leggermente la *RN Littorio* e affondò il cacciatorpediniere *Alpino*.
- 5 giugno 1943: Un nuovo attacco aereo danneggiò la RN *Roma* e la *RN Vittorio Veneto*, lasciando la *RN Littorio* come unica corazzata operativa fino alle riparazioni delle altre due.

Il cambio di nome: da *Littorio* a *Italia*

Dopo la caduta del fascismo (25 luglio 1943), il governo Badoglio rinominò la nave "*Italia*" (30 luglio) per eliminare ogni riferimento al regime. Fino all'armistizio dell'8 settembre, la nave aveva compiuto 46 missioni, di cui 9 di ricerca del nemico e 3 di scorta al traffico nazionale.
Il 9 settembre 1943, la flotta italiana salpò da La Spezia verso Malta, come stabilito dagli accordi armistiziali. Tuttavia, invece di innalzare i pennelli neri (segno di resa), la RN *Roma*, nave ammiraglia, espose il gran pavese, un gesto simbolico di orgoglio. Durante il successivo attacco Tedesco portato a segno da 28

▲ La corazzata italiana *Littorio* in navigazione prima della guerra. Wiki CC1 PD.

bombardieri Dornier Do 217 della Luftwaffe che attaccarono la flotta con bombe radioguidate Fritz X, l'*Italia* subì i seguenti danni:
- Una prima bomba cadde vicino all'Italia, bloccandone temporaneamente il timone. La R.N. *Italia*, pur danneggiata, riuscì a proseguire verso Malta, scortata dai cacciatorpediniere *Mitragliere e Carabiniere.*

L'internamento e la demolizione

Dopo l'arrivo a Malta, gli Alleati valutarono brevemente l'impiego della *Italia* e della *RN Vittorio Veneto* nel Pacifico, ma scartarono l'idea per problemi tecnici e politici. Le due navi furono quindi internate nei Laghi Amari (Egitto) fino al 1947. Nonostante i tentativi italiani di preservarle, il Trattato di Pace impose la demolizione:
- Gli USA rinunciarono a prenderla in consegna.
- L'URSS pretese lo smantellamento dei cannoni principali.
- Tra il 1948 e il 1955, la Italia (ex *Littorio*) e la *RN Vittorio Veneto* furono dismesse e demolite, segnando la fine di un'epoca per la Marina Militare Italiana.

LA CORAZZATA IMPERO: LA NAVE MAI FINITA

La *Impero* fu una nave da battaglia appartenente alla Regia Marina, progettata come la terza unità della classe *Littorio*. L'unità fu varata il 15 novembre 1939, a ridosso dell'inizio della Seconda guerra mondiale. Secondo i piani iniziali della Marina, la nave avrebbe dovuto essere completata entro dicembre 1941, in tempo per essere operativa nelle fasi cruciali della guerra. Tuttavia, le mutate necessità strategiche e produttive imposero una brusca interruzione del programma.
La priorità bellica si spostò rapidamente verso il potenziamento del naviglio leggero – come cacciatorpediniere, torpediniere e unità antisommergibile – lasciando così in secondo piano la costruzione delle grandi corazzate. L'allestimento della *Impero*, pur trasferito a Trieste per essere completato, procedette in maniera discontinua fino a essere definitivamente sospeso nel luglio del 1943, con lo scafo giunto a circa il 77% del completamento. Successivamente catturata dalle forze tedesche dopo l'armistizio dell'8 settembre 1943, la nave fu poi affondata in porto dai bombardamenti aerei americani. Recuperata nel dopoguerra, il suo scafo fu demolito alla fine degli anni '40.

Costruzione e trasferimenti

Progettata anch'essa dall'ingegnere navale Umberto Pugliese, la *Impero* fu impostata il 14 maggio 1938 presso il Cantiere navale di Sestri Ponente, a Genova. Il varo avvenne un anno e mezzo più tardi, il 15 novembre 1939. Con l'Italia ormai prossima all'entrata in guerra (giugno 1940), lo scafo fu rimorchiato da Genova – considerata troppo esposta agli attacchi aerei francesi e britannici – fino al porto di Brindisi, dove giunse l'8 giugno 1940, due giorni prima della dichiarazione ufficiale di guerra.

Il trasferimento delle attrezzature necessarie al completamento dell'unità verso Trieste venne però sospeso, in quanto le priorità produttive della Regia Marina si concentrarono sul potenziamento delle unità leggere e antisommergibili. Così, materiali destinati alla *Impero* – laminati, profilati, impianti – furono dirottati su altri cantieri e su altri programmi. La *Impero* rimase quindi ferma a Brindisi per tutto il 1941. Nel gennaio 1942, si decise di proseguire i lavori di allestimento: la nave, impiegando parte del proprio apparato motore, fu trasferita a Venezia il 22 gennaio e successivamente, nel novembre dello stesso anno, raggiunse i Cantieri Riuniti dell'Adriatico (CRDA) di Trieste. Tuttavia, l'aggravarsi della situazione bellica e la scarsità di materiali impedirono ogni ulteriore progresso. Parallelamente, anche il tentativo di ripristinare la corazzata Conte di Cavour, gravemente danneggiata a Taranto, si dimostrò vano. All'annuncio dell'armistizio, l'8 settembre 1943, lo scafo incompleto della *Impero* fu abbandonato, ritenuto privo di utilità operativa. Le forze tedesche, che occuparono Trieste nei giorni successivi, presero possesso dell'unità. Nel giugno 1944, il comando navale tedesco decise di impiegare alcune navi italiane catturate per condurre test sulla resistenza strutturale agli esplosivi. Dopo aver esaminato senza esito gli scafi degli incrociatori *Bolzano* e *Gorizia* a La Spezia, i tecnici si recarono a Trieste, dove lo scafo della *Impero* venne giudicato idoneo per tali prove, anche grazie alla presenza del sistema di protezione subacquea contro i siluri, noto come "cilindri Pugliese".

Al momento dell'ispezione, la corazzata si presentava in uno stato avanzato ma incompleto: Il ponte corazzato principale era in gran parte completato e saldato, ma restavano aperture per lavori in corso. Mancavano le porte corazzate e le sovrastrutture. Le torri da 381 mm I e II non avevano cannoni né culle, mentre la torre III non era ancora montata trovandosi ancora a terra. L'apparato motore era parzialmente completato, con le caldaie di prua finite e quelle di poppa al 40%. La nave era presidiata da sessanta operai della ditta Ansaldo, e risultava in condizioni generali molto buone.

Successivamente il 20 febbraio 1945, un pesante bombardamento aereo condotto dalla United States Army Air Forces colpì il porto di Trieste: la *Impero* fu gravemente danneggiata dalle esplosioni e si adagiò sul fondale a causa dei vasti allagamenti. Già il 15 febbraio un destino simile era toccato alla Conte di Cavour, mai ripresasi dopo Taranto. All'inizio del 1949 il relitto fu definitivamente portato a Porto Marghera, dove avvenne lo smantellamento finale.

▲ La corazzata italiana *Vittorio Veneto* fotografata da un aereo a bassa quota, mentre si accinge a prendere il mare in uscita dal porto di Taranto. Archivio Centrale dello Stato PD.

▲ Le corazzate italiane Classe Littorio in navigazione.

LA NAVE ROMA: I MODELLI

La produzione modellistica della R.N. *Roma* e delle sorelle *Vittorio Veneto* e *Littorio* è assai diffusa. Diverse sono le case di modellismo che si cimentano nei mezzi della nostra Marina Militare, oltre alla Italeri, ricordiamo la Trumpeter (Cina), Tamiya (Giappone), Revell e molte altre. Gli autori italiani, inoltre, si prodigano anche in autocostruzioni in ogni scala delle nostre corazzate e incrociatori. Soprattutto nella scala 1:350 o 1:700. In questa rassegna la fa da padrone il bravo modellista romano Matteo d'Aniello con un riuscito modello, pluripremiato della Corazzata *Roma* in scala 1:350. Molto interessanti anche i modelli di altri modellisti ma soprattutto del decano del modellismo italiano: l'asso Maurizio Maggi! Altre sono elaborazioni di vari autori e modellisti fotografati dall'autore del libro nei vari concorsi. Dove è stato possibile riportiamo doverosamente il nome degli autori.

LA R.N. CORAZZATA ROMA DI MATTEO D'ANIELLO

Di seguito una serie di immagini della nave *Roma* eseguita da D'Aniello, le didascalie sono dell'autore. Matteo D'Aniello è nato a Roma nel 1987. Appassionato sin da bambino di storia e modellismo militare, negli anni ha trovato la sua massima ispirazione nell' ambito navale. Grazie alla qualità e accuratezza dei suoi modelli è riuscito, in breve tempo, ad affermarsi nel panorama del modellismo navale italiano.

▲ Immagine raffigurante le sovrastrutture a centro nave dal lato di dritta. Il modello è stato realizzato partendo dal kit Trumpeter in scala 1:350 ed è stato migliorato tramite piccole autocostruzioni dettagli in resina e set di fotoincisioni.

Le due immagini mostrano rispettivamente una vista completa del lato di dritta e una vista dall'alto. Notare il colore dei ponti e superfici calpestabili in tonalità più scura rispetto alle murate dell opera morta e superfici verticali per fini mimetici. Il ponte di coperta di poppa invece è rivestito in teak naturale, utilizzato solo nelle unità di maggior prestigio della Marina.

Vista del giardinetto di dritta, in primo piano il nome della nave in ottone preceduta dal fascio littorio, si notano il grande timone principale il timone ausiliario di dritta e le eliche con relativi alberi e supporti. Ben visibile l'ispessimento dato dalla cintura corazzata situata sulla murata a ridosso della linea di galleggiamento, subito sotto, la bombatura data dal cilindro Pugliese . Gli oblò poppieri sono relativi agli alloggi degli ufficiali.

Nella prima immagine la nave ripresa dal mascone di sinistra Nella seconda, ripresa della murata di dritta, bene in vista l'asta di posta usata per risalire a bordo durante soste in mare. La grande torretta corazzata del complesso trinato da 381/50mm di poppa e la torretta corazzata del complesso trinato di artiglieria secondaria da 152/55 mm.

(Prima foto) Vista del lato sinistro della corazzata Roma notare le linee estremamente armoniose frutto di un accurato studio di design.
(Seconda foto) In primo piano la torretta corazzata da 152mm con alla sua sommità la barbetta contenente il complesso binato antiaereo Breda da 20/65mm, sovrastata dalla grande torretta corazzata da 381/50mm posta davanti al castello di prua, da notare la piazzola rialzata ospitante un altro complesso binato Breda da 20/65mm posizionata sull'affusto della torretta principale. Individuiamo inoltre il paraonde posto tra le due torrette principali.
(Terza foto) Immagine ritraente la disposizione delle artiglierie principali prodiere, in basso a sinistra sul ponte di prua la gru preposta al trasporto e posa del paramine con relativa asta ripiegata sulla murata.

(Prima immagine)Vista del ponte di poppa rivestito in teak ospitante il sistema di catapulta oscillante dei due aerei Ro.43 e Reggiane 2000 con relativa gru di recupero dell'idrovolante

(Seconda immagine)
Vista in primo piano del castello di poppa ospitante i riflettori da 105cm e 150cm, l'alberatura di segnalazione manovre (cerchio e rombo), il pennone ospitante la bandiera e una direzione di tiro da 3M per l'artiglieria antiaerea. Visibile il sistema di gru a braccio telescopico che movimenta il naviglio leggero imbarcato, operato dal relativo argano, situato sulla tuga.

Nelle immagini si nota il sistema di antenne per la ricezione radio (detto Aereo) dotato di calate. la postazione di avvistamento tra i due fumaioli.
A scendere la plancia mitragliere occupata dall'artiglieria antiaerea binata da 20/65mm (corto raggio) e 37/54mm (medio raggio) dai binocoli di avvistamento e dalla direzione di tiro da 5M dell'artiglieria da 152/55 mm.
Più in basso sul ponte di coperta trovano posto le sei torrette dei cannoni antiaerei da 90/53mm per il fuoco di sbarramento a lungo raggio e all'occorrenza anti naviglio leggero. Di seguito I due obici per il tiro illuminante da 120/40mm

A sinistra: vista laterale della torta di grosso calibro prodiera. A destra: Motobarca da 10 metri dell'ammiraglio posta sopra la tuga. Sul ponte di coperta la diesel barca da 12,25m

A sinistra: Vista della torre di comando ospitante il radar EC3/ter "gufo", di seguito i due grandi telemetri orientabili per la centrale di tiro BGS dei grossi calibri. Scendendo troviamo la controplancia, a seguire la plancia comando ai cui fianchi trovano posto le direzioni di tiro da 3M dell'artiglieria antiaerea e postazioni di avvistamento.

A destra: Immagine che ritrae il complesso trinato da 381/50 prodiero completo di postazione antiaerea consistente in due Breda binate da 37/54mm affiancato da due torrette da 152/55 dotate di barbette per le Breda binate da 20/65mm

Inquadratura della murata di dritta con le gru per lance e scialuppe. Si intravede l' alberatura di maestra alla cui base si nota il cassetto bandiere dove in prossimità vanno ad inserirsi le calate, recanti i segnali radio captati dall' "aereo". Salendo si incontra la coffa, le sagole per issare le bandiere di segnalazione e tiranterie a sostegno dei traversi.

LA RN ROMA IN 3D

La nave corazzata *Roma* PD realizzata in 3D da "Cbhierro" che l'ha rilasciata in PD con il seguente testo: *I, the copyright holder of this work, release this work into the public domain. This applies worldwide. In some countries this may not be legally possible; if so: I grant anyone the right to use this work for any purpose, without any conditions, unless such conditions are required by law. RM*

BIBLIOGRAFIA

-Franco Bargoni, Franco Gay, Orizzonte Mare - *Corazzate classe Vittorio Veneto, parte I*, Roma, Bizzarri, 1973.

-Franco Bargoni, Franco Gay, Orizzonte Mare - *Corazzate classe Vittorio Veneto, parte II*, Roma, Bizzarri, 1973.

-P. Ramoino, *La "minaccia" navale francese negli anni venti e trenta del xx secolo*, su marina.difesa.it. URL consultato l'8 settembre 2011.

-John Campbell, *Naval Weapons of World War II,* Annapolis, Naval Institute Press, 1985.

-William H Garzke, Battleships: *Axis and Neutral Battleships in World War II,* Annapolis, Naval Institute Press, 1995, ISBN 0-87021-101-3.

-John Roberts, *Italy in Conway's All the World's Fighting Ships 1922–1946*, Greenwich, Conway Maritime Press, 1980, ISBN 0851771467.

-Mark Stille, *Italian Battleships of World War II*, Oxford, Osprey Publishing, 2011.

-Gianni Rocca, *Fucilate gli ammiragli. La tragedia della Marina italiana nella seconda guerra mondiale,* Mondadori, 1987, ISBN 978-88-04-43392-7.

-Augusto de Toro, *Dalle "Littorio" alle "Impero". Navi da battaglia, studi e programmi navali in Italia nella seconda metà degli anni Trenta*, in Bollettino d'Archivio dell'Ufficio Storico della Marina Militare, Roma, Ufficio Storico della Marina Militare, marzo 2012, pp. 1-47.

-Paolo Alberini e Franco Prosperini, *Uomini della marina 1861-1946 dizionario biografico, Roma, Ufficio Storico della Marina Militare*, 2016, ISBN 978-88-98485-95-6.

-Erminio Bagnasco, Augusto De Toro, Le navi da battaglia, classe *Littorio* (1937-1948), 2ª ed., Albertelli, 2010, ISBN 88-87372-66-7.

-Marc'Antonio Bragadin, *La Marina italiana 1940-1945*, Odoya, 2011, ISBN 978-88-6288-110-4.

-Robert Gardiner e Roger Chesneau, *All the World Fighting's Ships 1922-1946*, Annapolis, MD, Naval Institute Press, 1980, ISBN 978-0-85177-146-5.

-Giorgio Giorgerini, Ermanno Martino, Riccardo Nassigh, *Storia della Marina, a cura di Giorgio Giorgerini, volume III*, Milano, Fabbri, 1978.

-Francesco Mattesini, *8 settembre 1943 la Regia marina nella tragedia dell'Italia vol. 1 e 2* , Soldiershop- Luca Cristini editore Bergamo 2020.

-Arrigo Petacco, *La flotta si arrende, in La nostra guerra 1940-1945. L'avventura bellica tra bugie e verità,* Milano, A. Mondadori, 1996, ISBN 88-04-41325-5.

-Marco Santarini, *La condotta del tiro navale da bordo nella Regia Marina 1900-1945,* Roma, Ufficio storico della marina militare, 2017, ISBN 9788899642105.

-Domenico Carro, Gennaro Baretta, *Corazzata Roma*, Cooperativa Eureka Roma 2011

- A.Perepeczko, *Wtoskie pancerniki typu Vittorio Veneto*, Magnum X Varsavia 2005

-Maurizio Brescia, *Mussolini's Navy* Seaforth Publishing 2012, ISBN 978 1 84832 115 1

-Ugo Gerini, *Corazzata Roma. Destinazione finale. Dal golfo di Trieste a quello dell'Asinara.* Luglio editore, Trieste 2015

-Ugo Gerini, Corazzata Roma. *Una storia per immagini. Ediz. illustrata* Luglio editore, Trieste 2017

TITOLI PUBBLICATI

TWE-040 IT

www.ingramcontent.com/pod-product-compliance
Ingram Content Group UK Ltd.
Pitfield, Milton Keynes, MK11 3LW, UK
UKHW061954290726
14090UKWH00021B/1226